Wolfgang Eppler, Annette Böttcher (Hrsg.)

Demokratische Wissenschaftseinrichtung: KIT.21 als Modell für Baden-Württemberg?

Tagungsbericht einer Fachtagung der Hans-Böckler-Stiftung im Karlsruher Institut für Technologie (KIT) im Juni 2011

Demokratische Wissenschaftseinrichtung: KIT.21 als Modell für Baden-Württemberg?

Tagungsbericht einer
Fachtagung der Hans-Böckler-Stiftung
im Karlsruher Institut für Technologie (KIT)
im Juni 2011

Wolfgang Eppler
Annette Böttcher
(Hrsg.)

KIT Scientific Publishing

Umschlagbilder

Vorderseite: Jana Mayer, Rückseite: Markus Breig

Impressum

Karlsruher Institut für Technologie (KIT)
KIT Scientific Publishing
Straße am Forum 2
D-76131 Karlsruhe
www.ksp.kit.edu

KIT – Universität des Landes Baden-Württemberg und nationales
Forschungszentrum in der Helmholtz-Gemeinschaft

KIT Scientific Publishing 2011
Print on Demand

ISBN 978-3-86644-745-5

Inhaltsverzeichnis

Einleitung

Wolfgang Eppler

Das "Leitbild Demokratische und Soziale Hochschule" ist ein Vorschlag der Hans-Böckler-Stiftung, der zurzeit unter den Gewerkschaften intensiv diskutiert und weiterentwickelt wird. Dieses Leitbild hebt sich vom herrschenden Leitbild der unternehmerischen Hochschule ab.

Warum findet eine Tagung zu diesem Anliegen gerade jetzt in Karlsruhe statt?

Das Karlsruher Institut für Technologie (KIT) wurde im Oktober 2009[1] als Fusion von Universität und Forschungszentrum Karlsruhe gegründet. Dieser bisher in Deutschland einzigartige Zusammenschluss einer universitären und außeruniversitären Einrichtung ist im KIT-Landesgesetz vom Juli 2009[2] geregelt. Gleichzeitig regelt eine Verwaltungsvereinbarung[3] (ebenfalls vom Juli 2009) die Kompetenzen zwischen Bund und Land. In Artikel 8 ist festgeschrieben, wie sich das KIT im Laufe seiner ersten Phase (bis März 2011) weiterentwickeln soll:

- Ersetzung des Vergaberahmens (Besoldung der Professoren)
- Abschaffung der Stellenpläne
- Einführung von Globalhaushalten
- Beschleunigung der Neu- und Umbaumaßnahmen
- Volle Arbeitgeber- und Dienstherreneigenschaft
- Berufungen beim KIT-Präsidenten
- Übertragung des Vermögens
- Anreizinstrumente für Universitätsbereich

Phase 2 wurde durch die Landtagswahl in Baden-Württemberg verzögert, dann aber schließlich durch ein Eckpunktepapier im April 2011[4] eingeleitet, mit folgenden Hauptpunkten:

- KIT bleibt öffentlich-rechtliche Körperschaft, „staatliche Einrichtung“ entfällt

---

[1] Im Vorfeld wurde KIT zunächst als Kooperation gegründet, siehe Eckpunktepapier unter www.bmbf.de/pub/eckpunktepapier_kit.pdf

[2] mehr unter http://de.wikipedia.org/wiki/KIT-Gesetz

[3] unter http://www.landtag-bw.de/wp14/drucksachen/4000/14_4340_d.pdf, hier speziell Artikel 8

[4] unter http://www.baden-wuerttemberg.de/fm7/2028/110412_Eckpunkte_Weiterentwickcklung_KIT.pdf

- Überführung der bisher Beschäftigten zum KIT, Widerspruchsrecht
- Bauherreneigenschaft für 5 Jahre für Kasernengelände
- Abschaffung der Fachaufsicht, außer bei Gebührenwesen, Hochschulzugangs- und -zulassungsverfahren sowie Kapazitätsrecht
- TV-L als gemeinsamer Tarifvertrag, Besitzstand für Großforschung
- Eigene Satzung für Gleichstellung und Chancengleichheit
- Umsetzung durch zweites KIT-Gesetz

Die Zukunft des KIT: Koalitionsvertrag, Mai 2011

Zum KIT:

- Autonomie erweitern, innere demokratische Strukturen stärken
- Arbeitgebereigenschaft vom Land an das KIT umsetzen
- Nicht zu Lasten der Beschäftigten und deren Arbeitsplatzsicherheit

Zu Hochschulen:

- mehr Handlungsfreiheit, mehr Partizipation aller Mitglieder
- Nachhaltigkeit und Gerechtigkeit als Grundwerte
- Mehr Gestaltungsfreiheit, mehr Verantwortung für die gesellschaftliche Entwicklung
- Umfassende Transparenz
- Novelle des Landeshochschulgesetzes: Leitbild der demokratischen Hochschule statt Leitbild der Unternehmerischen Hochschule
- Beratende Hochschulbeiräte statt Aufsichtsräte
- größtmögliche Transparenz, allgemeine Zugänglichkeit zu wissenschaftlichen Daten
- Forschungsergebnisse kostenfrei der Öffentlichkeit zugänglich machen
- notwendige Transparenz bei Forschungsvorhaben mit militärischer Relevanz

Zum öffentlichen Dienst:

- Änderung des Landespersonalvertretungsgesetzes (LPVG)

Themen der Tagung

„Unternehmerische" Wissenschaftseinrichtung vs. "Staatliche Einrichtung“

Welches sind die Rollen der Organe Aufsichtsrat / beratender Hochschulbeirat, Senat, Kommission der Zuwendungsgeber, Präsidium in einer Wissenschaftseinrichtung? Welches sind die Rollen der Interessengruppen Gesellschaft, Staat, Wirtschaft, Beschäftigte? Welche Aufgaben, Aufträge und welche Verantwortung haben die Organe bzw. die Interessengruppen? Wie werden die verschiedenen Rollen voneinander abgegrenzt? Hinterlässt zunehmende Autonomie Verantwortungslücken?

- Mehr Autonomie bedeutet weniger Staat.
- Was ist der Sinn von Autonomie?
- Wem und was nützt sie?
- Besteht die Gefahr der Autokratie?
- Wie können innere demokratische Strukturen, die Teilhabe der Beschäftigten und die Transparenz von Entscheidungsprozessen helfen?

Demokratie in einer Wissenschaftseinrichtung

Der Staat zieht sich mehr zurück. Das Präsidium wird gestärkt. Der Einfluss der Wirtschaft wird größer. Interessenvertreter für gute Arbeitsbedingungen fehlen. Wie sieht die Rückkopplung mit den Beschäftigten aus?

Arbeitsbedingungen

Zu guten Arbeitsbedingungen gehören attraktive tarifliche Leistungen (inklusive Zulagemöglichkeiten), ein sicherer Arbeitsplatz (ohne Angst vor betriebsbedingten Kündigungen) und die Möglichkeit einer Lebensplanung nicht nur für eine Minderheit der Beschäftigten.

Zu den Beiträgen dieses Tagungsberichts

Im Koalitionsvertrag der grün-roten Landesregierung von Baden-Württemberg wird die Erweiterung der Autonomie des KIT mit der Stärkung der inneren Demokratie gekoppelt. Autonomie ist sinnvoll, wenn vor Ort schnell und mit Kenntnis der internen Prozesse gehandelt werden muss. Wenn die Ministerien nicht nötig sind, sollten sie sich hier zurückhalten. Autonomie hat aber auch ihre Gefahren. Eine autonome Wissenschaftseinrichtung kann leichter als andere das Gemeinwohl des Staates, also gute Wissenschaft und Lehre zu betreiben, aus dem Auge verlieren, wenn im Konkurrenzkampf mit anderen Einrichtungen nach den meisten Veröffentlichungen, Ausgründungen oder Patenten geschaut wird. Eigeninteressen, lediglich fixiert auf die äußerliche Sichtbarkeit, werden dann wichtiger als der staatliche Auftrag. Eine weitere Gefahr von Autonomie ist die große Macht des Vorstands und Präsidiums. Wenn das Durchgreifen des Präsidiums gestärkt wird, muss auch die Kontrolle gestärkt werden. Das kann durch innere Demokratie geschehen, durch die Stärkung der Mitbestimmungsgremien.

Dass diese Gefahren der Autonomie keine Hirngespinste oder graue Theorie sind, zeigen die vergangenen knapp zwei Jahre KIT[5]. Obwohl noch nicht autonom, war für alle Beschäftigten die Stärkung des Präsidiums offensichtlich. Mitbestimmung gibt es genau da, wo es das Gesetz explizit vorschreibt – sonst nicht. Aus dem Aufsichtsrat gibt es nach langer Auseinandersetzung lediglich eine vom Aufsichtsratsvorsitzenden autorisierte Zusammenfassung. Der Vorstand darf nicht berichten. Bei der Verhandlung von Geschäftsordnungen, wie z.B. der des Gemeinsamen Ausschuss für wirtschaftliche Angelegenheiten (im KIT-Gesetz festgeschrieben), ist es für die Arbeitnehmervertreter bereits ein Erfolg, wenn sie den reinen Gesetzestext verteidigen können. Jeder Zusatz wird als Einschränkung der Flexibilität (des Vorstands) gesehen. Im Senat gibt es Kommissionen, in denen die Präsidenten die Mehrheit haben. Das finden die Beschäftigten bedrohlich – wie sie auch die weiter auszubauende Autonomie bedrohlich finden, die durch die Arbeitgeber- und Dienstherreneigenschaft die Landes-Beschäftigten zu KIT-Beschäftigten macht. Begründungen, verständliche Argumente, wozu der ganze Aufwand notwendig ist, werden nicht vorgebracht. So bleibt einzig als Vorteil für den Arbeitgeber der flexible Umgang mit den Beschäftigten und eine geringere Kontrolle durch den Staat. So fordert die TU9, ein Zusammenschluss der neun führenden Technischen Universitäten Deutschlands in ihrem Positionspapier „Personalstruktur“[6] personelle Flexibilität. Sie stellt fest, dass sich „dringende Veränderungsnotwendigkeiten der Personalstrukturen“ ergeben. Unter Punkt „e) Lockerung von Kündigungsschutzregelungen“ ist ausgeführt, dass z.B. bei der Schließung von Instituten oder Betriebsteilen auch „betriebsbedingte Kündigungen kein grundsätzliches Tabuthema darstellen“ dürfen. Kein Wunder, dass viele Beschäftigte Angst vor Ausgründungen und Umstrukturierungen haben.

„Neben der Herbeiführung der rechtlichen Rahmenbedingungen für die genannten Maßnahmen sind, falls noch nicht geschehen, weitgehende Freiheiten bezogen auf die finanzielle Eigenverantwortung wie auch die Dienstherreneigenschaft und Tarifhoheit unabdingbar.“ Die rechtlichen Rahmenbedingungen, die bereits „geschehen“ sind, sind u.a. das Wissenschaftszeitvertragsgesetz mit seinen endlos möglichen befristeten Arbeitsverträgen und natürlich das Teilzeit- und Befristungsgesetz mit der Möglichkeit, zwei Jahre sachgrundlos Arbeitsverträge zu befristen. Offen-

---

[5] http://de.wikipedia.org/wiki/Karlsruher_Institut_f%C3%BCr_Technologie

[6] http://www.tu9.de/tu9/1635.php; die folgenden Zitate sind diesem Positionspapier entnommen

sichtlich sehen die Arbeitgeber das nicht als Möglichkeit, sondern als Verpflichtung. So kommt es zu Verordnungen, neue Beschäftigte, ob Wissenschaftler, Technikerinnen oder Verwaltungspersonal grundsätzlich nur noch befristet einzustellen. Aber das reicht noch nicht für die „speziellen Anforderungen des Wissenschaftsbetriebs". „Die Übertragung von Dienstherreneigenschaft und Tarifhoheit gäbe den Hochschulen die Möglichkeit, in wettbewerblicher Abgrenzung eigenverantwortlich die Rahmenbedingungen des Personaleinsatzes zu gestalten und den Erfolg der Personalpolitik selbst zu steuern und auch zu verantworten." Die Dienstherren- und Arbeitgebereigenschaft sind also die Mittel, um zusätzlich zu den befristeten Arbeitsverträgen flexible Bedingungen für die Beschäftigten zu schaffen. Flexibel sollen Institute und andere Betriebsteile geschlossen werden können, ohne Rücksicht auf die Beschäftigten nehmen zu müssen.

Nicht zur Verhinderung, aber als Gegengewicht muss in Anbetracht dieser grenzenlosen Flexibilisierungen die innere Demokratie von Wissenschaftseinrichtungen ausgebaut werden. Entscheidungs- und Mitbestimmungsgremien, wie Aufsichtsrat, Senat, (unabhängiger) Studierendenausschuss und Personalrat müssen miteinander verzahnt sein, dass Mitglieder des einen Gremiums sich mit Mitgliedern der anderen Gremien über die anliegenden Themen austauschen können (siehe Beitrag von Tobias Bölz). Es müssen Arbeitnehmer im Aufsichtsrat ausreichend vertreten sein. Mitbestimmung und Partizipation muss auch auf unteren Ebenen, wie in den Instituten und Abteilungen, in Wissenschaftsbereichen wie in Dienstleistungseinheiten verankert und gelebt werden.

Das KIT soll also mehr Autonomie erhalten. Der Staat zieht sich stärker zurück. Vor Ort entstehende Probleme können mit stärkerer lokaler Entscheidungskompetenz oft schneller und unkompliziert gelöst werden. Aber es ergeben sich neue Herausforderungen. Gute Wissenschaft und Lehre kann nicht nur durch das Überprüfen von Kennzahlen und punktuelle Kritik der Halbjahresberichte gewährleistet werden. Die Aufsicht über eine Wissenschaftseinrichtung muss nachhaltig sein. Erfahrungen und Einschätzungen interner Beschäftigter müssen bei strategischen Entscheidungen berücksichtigt werden. Ein starkes Präsidium kann von einem im Wesentlichen extern besetzten Aufsichtsrat nicht effektiv kontrolliert werden. Dennoch sind Arbeitnehmer(innen) im Aufsichtsrat im KIT nicht vertreten. Auch für das KIT muss eine vernünftige Balance zwischen absoluter Freiheit und Flexibilität des Wissenschaftsmanagements und der Verantwortung für die Gesellschaft und die Beschäftigten in Lehre und Wissenschaft gefunden werden.

Beschäftigte sollen stärker in ihre Wissenschaftseinrichtung eingebunden werden, indem sie auch bei wichtigen Entscheidungen - u.a. durch eine angemessene Vertretung im Aufsichtsrat - beteiligt werden. Ob es gelingt, in einer Einrichtung nachhaltig exzellente Wissenschaft hervorzubringen, wird ausschlaggebend davon abhängen, ob die Beschäftigten - und zwar alle, vom Professor über die akademischen und wissenschaftlichen Mitarbeiter und die Beschäftigten in den Laboren, Werkstätten und der Verwaltung - sich mit ihrer Einrichtung identifizieren. In den ersten zwei Jahren KIT ist diese Identifikation nur unvollständig gelungen. Manche Entscheidung haben die Beschäftigten viel zu spät, manchmal sogar erst durch die Presse erfahren.

Die Leitungsebene hat die Pflicht, Entscheidungen, die die Beschäftigten betreffen, transparent zu machen. Bisher ist eher das Gegenteil der Fall. Führungskräfte haben Angst, dass ihre Entscheidungen angezweifelt werden und geben daher sowenig Information wie möglich. Bereits die Struktur einer Wissenschaftseinrichtung muss dafür sorgen, dass Transparenz erzwungen wird - auf verschiedenen Ebenen.

Das KIT-Gesetz sieht maximal drei interne Beschäftigte als Aufsichtsratsmitglieder vor. Eine Findungskommission, bestehend aus Ministeriums- und Senatsvertretern, bestimmt die Aufsichtsratsmitglieder. Die typischen Arbeitnehmervertreter, Betriebs-/Personalräte und Gewerkschaftsvertreter, kommen darin nicht vor. Es ist deshalb nicht wahrscheinlich, dass Arbeitnehmervertreter von der Findungskommission in den Aufsichtsrat bestimmt werden. Ab Oktober 2011 wird eine Institutsleiterin als einzige KIT-Beschäftigte im Aufsichtsrat die mehr als 10 000 KIT-Beschäftigten vertreten müssen. Der Rückzug des Staates (Abgeben der Fachaufsicht, Abgeben der Dienstherren- und Arbeitgebereigenschaft, teilweises Abgeben der Bauherreneigenschaft, Lockerung des Vergaberahmens für die Professorenbesoldung, ...) führt zu einer Verschiebung der Verantwortung vom Staat zum Aufsichtsrat. In der bisherigen Besetzung des Aufsichtsrats kann dieser seiner Verantwortung nicht voll gerecht werden, da die hierfür erforderlichen Einblicke in interne Prozesse des KIT bei externen Mitgliedern nicht ausreichend vorhanden sind. Das Gremium ist somit meist gezwungen, den Ausführungen und Entscheidungsvorlagen des Präsidiums zu folgen. Der Personalrat des KIT ist dagegen, dass die abgegebene Verantwortung des Staates einseitig auf das Präsidium übergeht. Stattdessen muss die Verantwortung der internen Selbstverwaltungs- und Mitbestimmungsgremien gestärkt werden. So steht es auch im Koalitionsvertrag.

Bei zunehmender Autonomie einer Wissenschaftseinrichtung durch den Rückzug des Staates entsteht eine Verantwortungslücke. Wenn sie nicht gefüllt wird, stärkt dieser Prozess das ungehinderte Durchgreifen des Präsidiums. Die Verantwortungslücke kann nur durch Stärkung der internen demokratischen Gremien und Prozesse gefüllt werden. Eine Maßnahme ist die Vertretung von Arbeitnehmern mit mindestens einer Drittelbeteiligung im Aufsichtsrat (siehe Beitrag von Reiner Koch).

Vor der Fusion der Universität und des Forschungszentrums Karlsruhe zum KIT gab es im Forschungszentrum einen Aufsichtsrat, in dem zu einem Viertel gewählte Beschäftigte vertreten waren. Das KIT nannte sein Aufsichtsgremium zwar "Aufsichtsrat", übernahm aber die Besetzungsmodalitäten des Aufsichtsrats (im Gründungsaufsichtsrat nur externe Vertreter) vom Hochschulrat der Universität. In der nächsten KIT-Phase mit mehr Autonomie werden wesentliche Elemente nach dem Vorbild der "unternehmerischen" Hochschule eingeführt. Es ist nicht angemessen, wenn die Struktur der Besetzung dieses wichtigsten Gremiums des KIT von der ehemaligen staatlichen Einrichtung Universität unverändert übernommen wird (siehe Beitrag von Andreas Keller).

Ein im Wesentlichen extern besetztes Gremium kann seiner Aufsichtspflicht nicht angemessen nachkommen. Es fehlt ein tiefer gehendes Verständnis der internen Prozesse, das nur Beschäftigte in ausreichender Zahl vermitteln können (siehe Beitrag von Gerd Köhler). Dieses Verständnis ist für die strategischen Entscheidungen des Aufsichtsrats aber wesentlich. Für Unternehmen gilt die paritätische oder Drittel-Beteiligung von Arbeitnehmern im Aufsichtsrat. Auch einige Einrichtungen des öffentlichen Rechts wie etwa die Sparkassen kennen die Drittel-Beteiligung von Arbeitnehmer(inne)n im Aufsichtsrat. Der Aufsichtsrat trifft strategische Entscheidungen, die zu strukturellen Veränderungen und damit auch zu veränderten Arbeitsbedingungen führen. Wie kann dies ohne Beteiligung der Arbeitnehmervertreter erfolgreich bewerkstelligt werden? Die Beschäftigten sind das wichtigste Kapital und die wichtigste Ressource einer Wissenschaftseinrichtung. Sie sind vor allem diejenigen, welche Veränderungen möglichst reibungsfrei umsetzen müssen. Dies kann nur durch ihre Einbindung in die Entscheidungsstrukturen erreicht werden.

Die zwei Biedenkopfkommissionen zur Unternehmensmitbestimmung haben eindrücklich gezeigt, dass das Mitbestimmungsmodell für Unternehmen zeitgemäß ist. Selbst die Arbeitgebervertreter in der Kommission plädierten nicht für die Abschaffung der paritätischen bzw. Drittel-Beteiligung der Arbeitnehmer.

Was ist am "unternehmerischen"[7] KIT soviel anders, um eine den Industrieunternehmen völlig entgegen gesetzte und damit für die Arbeitnehmer faktisch abgeschaffte Mitbestimmung auf Unternehmensebene zu begründen? Der Personalrat hat bisher auf diese Fragen keine überzeugenden Antworten erhalten. Die einseitige Bezugnahme auf die (grundgesetzlich garantierte) Wissenschaftsfreiheit (siehe Beitrag von Daniel Krausnick) kann jedenfalls nicht dafür verwendet werden, das Sozialstaatsprinzip (ebenfalls grundgesetzlich garantiert) völlig über Bord zu werfen. Der plötzliche Umschwung im Lande Baden-Württemberg, dass nun nicht mehr von „unternehmerischen" Hochschulen gesprochen wird, kann nicht darüber hinweg täuschen, dass unter der grün-roten Landesregierung zunehmende Autonomie, konkurrierende Hochschulen und Output-Steuerung genauso weiter verfolgt werden wie unter der bayrischen Landesregierung, die stolz ist auf ihre „unternehmerischen" Universitäten LMU und TU München. Das Hochschulfreiheitsgesetz in Nordrhein-Westfalen ist sogar noch ein extremeres Beispiel (siehe Beitrag von Wolfgang Lieb). Der kleine, aber ganz sicher signifikante Unterschied zwischen den zwei Konzepten der „unternehmerischen" bzw. der „sozialen und demokratischen" Wissenschaftseinrichtung wird in der Realisierung der „inneren Demokratie" liegen (siehe Beitrag von Johannes Stober). Der vorliegende Tagungsbericht hat diesen Unterschied zum Hauptthema. Die Hans-Böckler-Stiftung ist bereits seit Jahren darin engagiert, dem Leitbild der „unternehmerischen" Hochschule das der „sozialen und demokratischen" Hochschule entgegenzusetzen (siehe Beitrag von Joachim Ruth).

Die innere Demokratie muss auf allen Ebenen erfolgen: auf Unternehmens-/Einrichtungsebene, auf Instituts-, Abteilungs- und Gruppenebene (siehe Beitrag von Andres Friedrichsmeier). Hilfreich sind hier bestehende Mechanismen der wissenschaftlichen Mitbestimmung, die besonders im Großforschungsbereich etabliert sind (siehe Beitrag von Thomas Reddmann). Diese können nicht einfach dem Universitätsbereich mit seinen kleineren Instituten und wenigen unbefristet Beschäftigten übergestülpt werden, was nicht heißen darf, dass es dort keine wissenschaftliche Mitbestimmung gibt. Hier sollten, genauso wie in den Infrastruktur-

---

[7] Die grün-rote Landesregierung von Baden-Württemberg hält im Koalitionsvertrag die „unternehmerische Hochschule" für unzutreffend: „Das Leitbild der „Unternehmerischen Hochschule", das dem aktuellen Landeshochschulgesetz zugrunde liegt, hat noch nie zu den Hochschulen gepasst." Dennoch ist das KIT der Phase 2 zweifellos mehr „unternehmerische" Hochschule als alle übrigen Hochschulen des Landes, wenn seiner Autonomie im zweiten KIT-Gesetz nicht starke soziale und demokratische Elemente hinzugefügt werden.

Dienstleistungseinheiten, in Verwaltung und Technik, partizipative Strukturen aufgebaut werden.

Zielvorgabe des Landes an das KIT sollte ein kontinuierlicher Verbesserungsprozess zu einer stärkeren Partizipation aller Beschäftigten sein. Ein Teilziel einer besseren Teilhabe der Beschäftigten an Entscheidungen und deren Umsetzung ist die Sicherstellung einer Kommunikation auf Augenhöhe in Besprechungen mit Führungskräften. Pilotprojekte, vorgeschlagen von Gremien des KIT (Senat, Personalrat, UStA, ...), könnten die Vielfalt und unterschiedlichen Strukturen des KIT berücksichtigen (siehe Beitrag von Wolfgang Eppler).

Zu den weiteren Bedingungen für den staatlichen Auftrag, gute Wissenschaft und Lehre zu gewährleisten, gehören gute Arbeitsbedingungen für alle und Sicherheit des Arbeitsplatzes für diejenigen, die sich nicht in einer Qualifizierungsphase (Studium, Promotion, Habilitation) befinden. Trotz riesiger Anstrengungen, den wissenschaftlichen Nachwuchs in immer wieder neuen Facetten zu fördern (siehe Beitrag von Matthias Neis), kann nüchtern festgestellt werden, dass alleine durch die Zunahme der befristeten Arbeitsverträge die Unsicherheit der beruflichen Situation für die Beschäftigten zunimmt (siehe Beitrag von Georg Jongmanns) und die Arbeitsbedingungen in der Lehre und Forschung kontinuierlich schlechter werden. Personal wird abgebaut, die gleiche Arbeit muss von weniger Personal geleistet werden. Die Arbeitsverdichtung führt immer öfter dazu, dass die Belastungsgrenze einzelner Beschäftigter erreicht wird. Gesetze dürfen nicht bis zur Schmerzgrenze ausgenützt werden. Es muss wieder mehr unbefristete Arbeitsverträge geben (siehe Beitrag von Detlev Meier).

Durch Ernstnehmen der Gleichstellung werden zunehmend Konzepte ins Leben gerufen, wie in Deutschland Beruf und Familie stärker in Einklang zu bringen sind. Flexible Arbeitszeiten, Kinderbetreuung und Double-Career-Möglichkeiten sind gern gehörte Schlagworte. Aber wie verträgt sich das mit der immer stärkeren Vermischung von Arbeit und Familie – indem Handys nicht mehr ausgeschaltet werden und abends und am Wochenende immer mehr Menschen arbeiten – freiwillig selbstverständlich und ohne Bezahlung. Flexibilisierung bedeutet für unsere Wissenschaftsmanager, dass die Beschäftigten flexibel sein müssen. Sie haben die Flexibilisierung so lieb, weil sie das Risiko, das mit allen Unsicherheiten wie veränderbarer Auftragslage, schwankender Drittmittel und unvorhersehbarer politischer Entscheidungen verbunden ist, voll auf die Beschäftigten abwälzt und die Führungsebene damit verschont (siehe Beitrag von Christa Stumpf).

Wir hoffen, mit dem Tagungsbericht gute Argumente für eine soziale und demokratische und gegen eine unternehmerische Wissenschaftseinrichtung zu finden.

Großer Dank geht an die an die Hans-Böckler-Stiftung, die mit der Initiierung des Leitbilds Demokratische und Soziale Hochschule[8] *wertvolle Impulse für die Zukunft von Wissenschaftseinrichtungen in Deutschland leistete.*

[8] http://www.boeckler.de/88.htm

Leitbild Demokratische und Soziale Hochschule

Joachim Ruth

Warum ein Leitbild?

- Eigene gewerkschaftliche Vorstellungen für eine Hochschule der Zukunft entwickeln
- Breiter Entwicklungsprozess unter Beteiligung von Beschäftigten und Gewerkschaften
- In den öffentlichen Diskurs über die Hochschule der Zukunft eintreten

Historie und Entwicklung

- Oktober 2008 Beschluss zur Entwicklung eines Leitbildes „Demokratische und Soziale Hochschule“ durch den Vorstand der Hans-Böckler-Stiftung
- Erstellung von 14 Expertisen zu zentralen hochschulpolitischen Themenfeldern
- Diskussion der Expertisen in Werkstattgesprächen unter Beteiligung des DGB und der Gewerkschaften
- Vorstellung des Leitbildes im Februar 2010 auf dem 3. Hochschulpolitischen Forum der Hans-Böckler-Stiftung
- Zusätzliche Expertisen: Dritter Bildungsweg, geschlechtergerechte Hochschule, Weiterentwicklung der Akkreditierung
- Diskussion des Leitbildes im Februar 2011 auf dem 4. Hochschulpolitischen Forum der Hans-Böckler-Stiftung
- Regionale Veranstaltungen zum Leitbild „Leitbild trifft Praxis“
- Beschluss des DGB-Bundesvorstands auf der Grundlage des Leitbilds Demokratische und Soziale Hochschule ein Hochschulpolitisches Programm des DGB zu entwickeln
- Beschlussfassung des Hochschulpolitisches Programms ist für Mitte 2012 vorgesehen

Leitbild Demokratische und Soziale Hochschule

Verantwortung für die demokratische und soziale Entwicklung der Gesellschaft wahrnehmen, die Autonomie der Hochschule in staatlicher Verantwortung stärken,

soziale Öffnung und Chancengleichheit verwirklichen,

Mitbestimmung und Partizipation ausbauen,

die Internationalisierung von Wissenschaft solidarisch weiterentwickeln,

den Tertiären Bereich differenziert, durchlässig und gleichwertig gestalten,

Kooperation, Verantwortung und Transparenz in der Forschung stärken,

das Studium als wissenschaftliche Berufsausbildung gestalten,

die wissenschaftliche Weiterbildung zu Angeboten des Lebenslangen Lernens ausbauen,

die Qualität von Studium und Lehre durch Evaluierung und Akkreditierung konsequent verbessern,

den Arbeitsplatz Hochschule attraktiver gestalten,

das Hochschulmanagement professionalisieren,

die öffentliche Finanzierung der staatlichen Hochschulen sicherstellen,

eine gemeinsame Plattform für die demokratische und soziale Neugestaltung der Hochschulen schaffen.

Fragestellung der Fachtagung

Stellung der Hochschulräte als strategisches Entscheidungsgremium:

- Zusammensetzung, Rollenwahrnehmung, Erfahrungen am KIT
- Beiräte statt Hochschulräte? Kuratorien als Alternative denkbar?
- Pluralistisch zusammengesetzte Hochschulräte zur Unterstützung der Hochschulen

Wie ist das Verhältnis neuer „weicher" Partizipationsformen zu „harten" Mitbestimmungsrechten

- Gewachsene Selbstverantwortung einer selbständigeren Hochschule bedarf es eines kompetenten Managements
- Hochschulleitungen mit erweiterter Gestaltungskompetenz und eine demokratische Mitbestimmung und Partizipation aller Hochschulangehörigen sind zwei Seiten einer Medaille
- Erweiterung der Mitbestimmung durch informelle, sachverständige Partizipationsformen und Mitwirkungsmöglichkeiten

2. „Unternehmerische" Wissenschaftseinrichtung vs. "Staatliche Einrichtung“

Welches sind die Rollen der Organe Aufsichtsrat / beratender Hochschulbeirat, Senat, Kommission der Zuwendungsgeber, Präsidium in einer Wissenschaftseinrichtung? Welches sind die Rollen der Interessengruppen Gesellschaft, Staat, Wirtschaft, Beschäftigte? Welche Aufgaben, Aufträge und welche Verantwortung haben die Organe bzw. die Interessengruppen? Wie werden die verschiedenen Rollen voneinander abgegrenzt? Hinterlässt zunehmende Autonomie Verantwortungslücken?

- Mehr Autonomie bedeutet weniger Staat.
- Was ist der Sinn von Autonomie?
- Wem und was nützt sie?
- Besteht die Gefahr der Autokratie?
- Wie können innere demokratische Strukturen, die Teilhabe der Beschäftigten und die Transparenz von Entscheidungsprozessen helfen?

Akademische Selbstverwaltung und Hochschulgesetzgebung – Harmonie oder Disharmonie?

Daniel Krausnick[9]

Die Beziehung des Staates zu den Hochschulen ist seit einigen Jahren ein Zentralthema des Staats- und Verwaltungsrechts. Zum Thema Hochschule und Staat ließe sich viel sagen, z. B. auch zur Frage Hochschule und Demokratie; dieses Thema wird Sie bei dieser Tagung aber ohnehin noch beschäftigen. Ich will mich im Folgenden auf die akademische Selbstverwaltung und ihre Beziehung zur Gesetzgebung beschränken; insbesondere auch deswegen, weil dieser Bereich wohl der umstrittenste in der gegenwärtigen Diskussion ist:

I. Rechtliche Verankerung der Hochschulselbstverwaltung

Zunächst ist (aus juristischer Sicht) zu fragen, wo und wie die akademische bzw. Hochschulselbstverwaltung rechtlich verankert ist. Dabei beginne ich mit § 58 Abs. 1 S. 3 des Hochschulrahmengesetzes (HRG).

Auf den ersten Blick mag es seltsam erscheinen, dass ich nicht mit dem Grundgesetz (Art. 5 Abs. 3 S. 1 GG[10]) anfange. Der Grund dafür ist, dass das Bundesverfassungsgericht (BVerfG) stets betont hat, dass der Gesetzgeber bei der Ausgestaltung der Hochschulorganisation nach den Vorgaben des Grundgesetzes nicht an ein traditionelles Modell der Selbstverwaltung gebunden ist[11]. Art. 5 Abs. 3 S. 1 GG garantiert nach dieser Lesart zwar die individuelle Wissenschaftsfreiheit, nicht aber die Hochschulselbstverwaltung. In der juristischen Literatur wird die akademische Selbstverwaltung demgegenüber zum Teil unmittelbar in Art. 5 Abs. 3 S. 1 GG verankert[12]. Weder Wortlaut, noch Historie oder Systema-

---

[9] Vortrag auf der Fachtagung „Demokratische Wissenschaftseinrichtung: KIT.21 als Modell für Baden-Württemberg?“ der Hans-Böckler-Stiftung am 20.Juni 2011 in Karlsruhe. Die Vortragsform wurde im Wesentlichen beibehalten, teilweise leicht erweitert und um Fußnoten ergänzt.

[10] Art. 5 Abs. 3 S. 1 GG lautet: „Kunst und Wissenschaft, Forschung und Lehre sind frei“.

[11] BVerfGE 35, 79 (116 ff.) und ständige Rechtsprechung.

[12] Vgl. etwa *M.-E. Geis*, in: K. Hailbronner/ders. (Hrsg.), Hochschulrecht, § 58 HRG Rn. 27 ff.

tik dieser Verfassungsbestimmung geben insoweit jedoch eindeutige Hinweise[13].

Weil somit die verfassungsrechtliche Lage jedenfalls auf der Bundesebene alles andere als klar ist, beginne ich hier abweichend von der Normenpyramide (nach dieser genießt die Verfassung Vorrang vor den Gesetzen) beim einfachen Bundesrecht:

1.) § 58 Abs. 1 S. 3 HRG

Bundesgesetzlich ist das Selbstverwaltungsrecht der Hochschulen in § 58 Abs. 1 S. 3 HRG ausdrücklich garantiert. Die Norm lautet: „Sie [scl. die Hochschulen] haben das Recht der Selbstverwaltung im Rahmen der Gesetze".

Das HRG ist hierbei ein typisches Beispiel für das Motto „Totgesagte leben länger". Eigentlich sollte das Gesetz schon 2006 nach der ersten Föderalismusreform abgeschafft werden, weil der Bund seine (Rahmen-)Gesetzgebungskompetenz im Hochschulrecht verloren hatte[14]. Bisher hat diese Abschaffung aber nicht stattgefunden. Dies hat hat hochschulpolitisch nicht nur Nachteile. Das HRG schafft immer noch zumindest einen gewissen Rahmen im Hochschulrecht, der Studierenden und Professoren, die das Bundesland wechseln, nützen und außerdem der Hochschulgesetzgebung der Länder als Vorbild dienen kann.

2.) Art. 20 I und II, 85 BWLV

Das Landesverfassungsrecht enthält (nicht nur in Baden-Württemberg) regelmäßig klare Garantien der Hochschulselbstverwaltung. So formulieren die beiden ersten Absätze des Art. 20 der Baden-Württembergischen Landesverfassung: „Die Hochschule ist frei in Forschung und Lehre. Die Hochschule hat unbeschadet der staatlichen Aufsicht das Recht auf eine ihrem besonderen Charakter entsprechende Selbstverwaltung im Rahmen der Gesetze und ihrer staatlich anerkannten Satzungen". Art. 85 ergänzt: „Die Universitäten und Hochschulen mit Promotionsrecht bleiben in ihrem Bestand erhalten".

---

[13] Kritisch zur Verortung des Selbstverwaltungsrechts in Art. 5 Abs. 3 S. 1 GG etwa *U. Mager*, in: J. Isensee/P. Kirchhof (Hrsg.), Handbuch des Staatsrechts, Bd. 7, 3. Aufl. (2009), § 166 Rn. 27; *K. F. Gärditz*, Hochschulorganisation und verwaltungsrechtliche Systembildung, 2009, S. 349 ff.

[14] Hierzu etwa *J. F. Lindner*, NVwZ 2007, 180 ff.

Das Bundesrecht, insbesondere das Grundgesetz steht solchen Garantien nicht entgegen und aus der Rechtsprechung des BVerfG ergibt sich nichts Gegenteiliges. Das Gericht hat zwar gesagt, dass Art. 5 Abs. 3 S. 1 GG nicht zur akademischen Selbstverwaltung *zwinge*; es hat aber mehrfach anerkannt, dass Hochschulen nach dem Selbstverwaltungsmodell organisiert werden *dürfen* bzw. dass die Selbstverwaltung ein wissenschaftsadäquates Organisationsmodell ist[15].

Gerade durch die weitgehende Abschaffung der Bundeskompetenzen im Hochschulrecht hat die Bedeutung derartiger landesverfassungsrechtlicher Selbstverwaltungsgarantien in den letzten Jahren zugenommen.

3.) § 8 Abs. 1 S. 4 LHG B-W, § 3 Abs. 1 KITG

Sowohl für die Hochschulen des Landes Baden-Württemberg als auch für das KIT als besondere Einrichtung des Hochschulwesens[16] ist das Selbstverwaltungsrecht ferner auf einfachgesetzlicher Ebene in § 8 Absatz 1 Satz 4 des Landeshochschulgesetzes[17] und § 3 Abs. 1 des KIT-Gesetzes[18] garantiert.

II. Inhalt des Selbstverwaltungsrechts

Welchen Inhalt hat nun dieses rechtlich gleich auf mehreren Ebenen garantierte Selbstverwaltungsrecht der Hochschulen?

Den Hochschulen wird das Recht gewährleistet, alle wissenschaftsrelevanten Angelegenheiten in eigener Verantwortung (d. h. nur unter der Rechtsaufsicht des Staates) zu regeln. Das Selbstverwaltungsrecht ist ein subjektives Recht der Hochschulen, das sie gegen den Staat gerichtlich (bis hin zum BVerfG) verteidigen können. Der Staat muss sich für Eingrif-

---

[15] Vgl. nur BVerfGE 111, 333 (353 ff.).

[16] Zur Verfassungsmäßigkeit der Errichtung des KIT vgl. etwa *H. Wagner*, WissR 42 (2009), 300 (303 ff.); *Ch. v. Coelln*, in: M. Hartmer/H. Detmer (Hrsg.), Hochschulrecht, 2. Aufl. (2011), Kap. VII Rn. 29.

[17] Die Regelung lautet: „Die Hochschulen haben das Recht der Selbstverwaltung im Rahmen der Gesetze und erfüllen ihre Aufgaben, auch soweit es sich um Weisungsangelegenheiten handelt, durch eine Einheitsverwaltung; sie handeln in eigenem Namen".

[18] Die Regelung lautet: „Das KIT ist eine rechtsfähige Körperschaft des öffentlichen Rechts und zugleich staatliche Einrichtung. Es hat das Recht der Selbstverwaltung im Rahmen dieses Gesetzes und handelt, auch in Weisungsangelegenheiten, in eigenem Namen".

fe in das Selbstverwaltungsrecht rechtfertigen und darf insbesondere den Kernbereich dieses Rechts nicht verletzen[19].

Wissenschaftsrelevant und damit vom Selbstverwaltungsrecht umfasst sind alle Angelegenheiten, die unmittelbaren Bezug zu Forschung und Lehre i. S. d. Art. 5 Abs. 3 S. 1 GG haben. Bei der Bestimmung dieser wissenschaftsrelevanten Angelegenheiten ist insbesondere der Eigengesetzlichkeit der Wissenschaft Rechnung zu tragen[20]. Herkömmlich wird im Übrigen in drei Bereiche unterteilt, nämlich die Selbstverwaltungsangelegenheiten (z. B. die Verleihung von akademischen Graden), den Kooperationsbereich (z. B. das Berufungswesen, bei welchem die Hochschule über die wissenschaftliche Qualität des zu Beurteilenden entscheidet und der Staat, ob die beamtenrechtlichen Einstellungsvoraussetzungen erfüllt sind) und die staatlichen Angelegenheiten (z. B. Wirtschafts- und Personalverwaltung)[21]. Bei letzteren hat der Staat sogar ein (fachaufsichtliches) Weisungsrecht[22].

Das Selbstverwaltungsrecht schützt nach ständiger Rechtsprechung des BVerfG nicht vor der Auflösung von Einrichtungen (Fakultäten oder ganzen Hochschulen)[23]. Etwa die Gründung des KIT war somit kein Verstoß gegen das Selbstverwaltungsrecht der Universität Karlsruhe. Vor einer Auflösung sind die entsprechenden Einrichtungen aber zumindest anzuhören[24].

Die herrschende Literaturansicht erkennt außerdem einen Grundsatz des hochschulfreundlichen Verhaltens an, der es gebietet, Eingriffe in das Selbstverwaltungsrecht der Hochschulen einer besonders strengen Verhältnismäßigkeitsprüfung zu unterziehen[25].

III. Hochschulselbstverwaltung und Gesetzgebung

Die Wissenschaftsfreiheit, der die Hochschulselbstverwaltung ja dienen soll, kann sich nur entfalten, wenn der Gesetzgeber dafür entsprechende

---

[19] Vgl. etwa *K. Herberger*, in: V. Haug (Hrsg.), Das Hochschulrecht in Baden-Württemberg, 2. Aufl. (2009), Rn. 158.

[20] Zu diesem Zusammenhang statt vieler *M.-E. Geis*, in: D. Merten/H.-J. Papier (Hrsg.), Handbuch der Grundrechte, Bd. 4, 2011, § 100 Rn. 1, 21 ff.

[21] Näher *M.-E. Geis*, in: K. Hailbronner/ders. (Hrsg.), Hochschulrecht, § 58 HRG Rn. 36 ff.

[22] So geregelt etwa in § 67 Abs. 2 LHG B-W

[23] BVerfGE 85, 360 (382 ff.).

[24] So auch VerfGH Berlin, NVwZ 1997, 790 ff.; kritisch dazu *V. Haug*, NVwZ 1997, 754 ff.

[25] Näher *Geis* (Fußn. 12), Rn. 21 ff.

institutionelle Rahmenbedingungen im Hochschulorganisationsrecht setzt. Der Gesetzgeber hat im Bezug auf die akademische Selbstverwaltung also eine Ausgestaltungsfunktion. Dabei entstehen Konflikte zwischen Gesetzgebung und Selbstverwaltung:

1.) Hochschulrecht als Landesrecht

Wie bereits angedeutet, hat der Bund seit der Föderalismusreform I 2006 nahezu keine Kompetenzen mehr im Hochschulrecht. Er kann – genauer gesagt - nur noch Hochschulzulassung und Hochschulabschlüsse regeln (Art. 74 Abs. 1 Nr. 33 GG) und selbst von darauf gestützten Bundesgesetzen dürfen die Länder abweichen (Art. 72 Abs. 3 S. 1 Nr. 6 GG). Die Hochschulgesetzgebung ist somit primär Landesgesetzgebung. Die Frage ist also im Folgenden, welchen Grenzen aus dem Selbstverwaltungsrecht der *Landes*gesetzgeber unterliegt.

Primärer Maßstab der rechtlichen Überprüfung wäre damit an sich das Landesverfassungsrecht. Insoweit existiert jedoch wenig Rechtsprechung und außerdem hat beispielsweise die Entscheidung des Bayerischen Verfassungsgerichtshofs zum Bayerischen Hochschulgesetz 2008 gezeigt, dass sich Landesverfassungsgerichte eng an der Rechtsprechung des BVerfG zur Vereinbarkeit des Hochschulrechts mit Art. 5 Abs. 3 S. 1 GG anlehnen[26]. Im Folgenden ist deshalb – auch wenn dies rechtsdogmatisch, wie oben gezeigt, eigentlich der falsche Weg ist – in erster Linie die Rechtsprechung des BVerfG zu untersuchen.

2.) Die Rechtsprechung des BVerfG

a) Urteil zur Gruppenuniversität (1973) – BVerfGE 35, 79 ff.

Das BVerfG hat im Urteil zum Organisationsmodell der Gruppenuniversität von 1973 zu prüfen gehabt, inwieweit es mit den Vorgaben des Grundgesetzes vereinbar ist, dass der Hochschulgesetzgeber die Beteiligung an der Selbstverwaltung von der Zugehörigkeit zu einer von drei bestimmten Gruppen (Hochschullehrer, wissenschaftliche und künstlerische Mitarbeiter, sonstiges Hochschulpersonal) abhängig macht. Das Gericht hat die Verfassungsmäßigkeit dieses Organisationsmodells bejaht und dabei – wie angedeutet – festgestellt, dass Art. 5 Abs. 3 S. 1 GG die traditionelle universitäre Selbstverwaltung nicht garantiere. Dennoch hat das BVerfG dem Gesetzgeber nicht freie Hand gelassen, sondern Art. 5

[26] BayVerfGH, BayVBl. 2008, 592 ff.

Abs. 3 S. 1 GG als „wertentscheidende Grundsatznorm" interpretiert[27]. Der Gesetzgeber muss danach die Hochschulorganisation in jedem Fall so ausgestalten, dass freie Wissenschaft tatsächlich möglich ist. Da primäre Träger der Wissenschaftsfreiheit die Hochschullehrer sind, muss insbesondere gewährleistet sein, dass in Gremien, die wissenschaftsrelevante Entscheidungen treffen, die Gruppe der Hochschullehrer die Mehrheit der Stimmen hat[28]. Diese Gruppe muss hierbei homogen zusammengesetzt sein, d. h. nur aus Mitgliedern bestehen, die die Befugnis haben, selbständig Forschung und Lehre an Hochschulen zu betreiben[29].

b) Urteil zum Brandenburgischen Hochschulgesetz (2004) – BVerfGE 111, 333 ff.

In seinem Urteil zum Brandenburgischen Hochschulgesetz hatte das BVerfG u. a. die Verfassungsmäßigkeit der Stärkung von Hochschulleitung und (Landes-)Hochschulrat in Brandenburg sowie diejenige der an Forschungs- und/oder Lehrevaluation gebundenen Mittelvergabe zu beurteilen. Das Gericht bejahte die Verfassungsmäßigkeit dieser Maßnahmen in vollem Umfang[30]. Zentral war dabei die Aussage, dass Art. 5 Abs. 3 S. 1 GG erst dann verletzt sei, wenn die Wissenschaftsfreiheit „strukturell gefährdet" ist. Was „strukturell" bedeuten sollte, hat das BVerfG allerdings hier nicht näher erläutert. In der Literatur wurde das Urteil zumeist als eine Art Freibrief für den Hochschulgesetzgeber interpretiert und deshalb intensiv kritisiert[31]. Dass diese Diagnose nicht ganz zutreffend war, hat das BVerfG dann im Urteil zum Hamburgischen Hochschulgesetz 2010 gezeigt.

c) Urteil zum Hamburgischen Hochschulgesetz (2010) – BVerfG, JZ 2011, 308 ff.

Dieses Urteil betraf u. a. die Kompetenzen des Dekans, die der Fakultät vom Präsidium zugewiesenen Haushaltsmittel zu bewirtschaften und die Stellen innerhalb der Fakultät zuzuordnen. Die dadurch besonders starke Stellung des Dekans wurde als verfassungswidrig erachtet, weil der De-

---

[27] Grundlegend BVerfGE 35, 79 (112 ff.), fortgeführt u. a. in BVerfGE 111, 333 (353 ff.) und BVerfG, JZ 2011, 308 ff.

[28] BVerfGE 35, 79 (116 ff.).

[29] Sog. materieller Hochschullehrerbegriff (BVerfGE 43, 242 (271 ff.) und ständige Rechtsprechung).

[30] BVerfGE 35, 79 (133 ff.).

[31] Vgl. nur *K. F. Gärditz*, NVwZ 2005, 407 ff.

kan nach dem Hamburgischen Hochschulgesetz zu wenig vom Fakultätsrat kontrolliert werden kann (der Fakultätsrat konnte den Dekan nicht einmal selbstständig, d. h. ohne Zustimmung der Hochschulleitung abwählen)[32]. Dabei stellte das Gericht maßgeblich auf das „hochschulorganisatorische Gesamtgefüge“ ab. Die beiden Leitsätze des Urteils seien hier wörtlich zitiert, weil sie die Reichweite der Befugnisse des Hochschulgesetzgebers relativ klar umreißen:

„Die Sicherung der Wissenschaftsfreiheit durch organisatorische Regelungen verlangt, dass die Träger der Wissenschaftsfreiheit durch ihre Vertreter in Hochschulorganen Gefährdungen der Wissenschaftsfreiheit abwehren und ihre fachliche Kompetenz zur Verwirklichung der Wissenschaftsfreiheit in die Universität einbringen können. Der Gesetzgeber muss daher ein hinreichendes Niveau der Partizipation der Grundrechtsträger gewährleisten.“

„Das Gesamtgefüge der Hochschulverfassung kann insbesondere dann verfassungswidrig sein, wenn dem Leitungsorgan substantielle (...) Entscheidungsbefugnisse im wissenschaftsrelevanten Bereich zugewiesen werden, dem mit Hochschullehrern besetzten Vertretungsgremium im Verhältnis hierzu jedoch kaum Kompetenzen und auch keine maßgeblichen Mitwirkungs- und Kontrollrechte verbleiben.“

Ob das Urteil eine Kehrtwende in der Rechtsprechung hin zu einer verstärkten Kontrolle des Hochschulgesetzgebers ist[33] oder die frühere Rechtsprechung nur ergänzt, der gesetzgeberische Spielraum also weit bleibt[34], ist noch unklar. Klar dürfte aber zumindest sein, dass dieser Spielraum nicht so weit ist, wie es noch anlässlich der Brandenburg-Entscheidung schien. Jedenfalls dann, wenn der Gesetzgeber den Kollegialorganen der Hochschule (und damit den Hochschullehrern, die in diesen die Mehrheit stellen) auch noch die letzte Möglichkeit nimmt, die Hochschulleitung zu kontrollieren, verstößt er gegen die Verfassung.

IV. Aktuelle Konfliktfelder im Hochschulorganisationsrecht

Im Folgenden seien mit der Hierarchisierung der Hochschulverwaltung und den Hochschulräten zwei zentrale Felder vorgeführt, auf denen der

---

[32] BVerfG, JZ 2011, 308 (313).

[33] So tendenziell die Anmerkung von *K. F. Gärditz* (JZ 2011, 314 ff.).

[34] Dafür spricht, dass das Gericht im Grunde jede einzelne Kompetenzverschiebung, die das Hamburgische Hochschulgesetz vorgesehen hatte, gebilligt und nur das durch diese Verschiebungen bewirkte Gesamtgefüge für verfassungswidrig erklärt hat.

Konflikt zwischen Hochschulselbstverwaltung und Gesetzgebung derzeit ausgetragen wird:

1.) Hierarchisierung der Hochschulverwaltung

Die Landesgesetzgeber haben, wie bereits angedeutet, die Hochschulleitung sowohl auf der zentralen (Präsidium, Rektorat) als auch auf der dezentralen Ebene (Dekanat) gestärkt und so eine Hierarchisierung der Hochschulverwaltung bewirkt. Dadurch verschiebt sich die Rollenverteilung zwischen Staat (bzw. Ministerium) und Hochschule: Die Hochschulleitung erhält eine Art Managerrolle[35], das Ministerium entscheidet kaum noch selbst, sondern wird eher zu einem „Mediator" zwischen der Hochschulleitung und den Kollegialorganen und Mitgliedern der Hochschule.

Das Grundproblem dieser Variante der Hochschulreformen besteht darin, dass die Mitwirkung aller Träger der Wissenschaftsfreiheit, wie sie dem Selbstverwaltungsgedanken an sich am besten entsprechen würde, und die besagte Hierarchisierung sich diametral entgegen stehen. Ferner bewirkt die Verlagerung von Kompetenzen von den Kollegialorganen auf die Hochschulleitung die Gefahr in sich, dass ein Transparenzverlust eintritt[36]. Senat und Fakultätsrat treffen ihre Entscheidungen in größerem Kreis und diese werden so schnell hochschul-, zumindest aber fakultätsöffentlich. Die Tatsache, dass schon bisher die wesentlichen Entscheidungen in der Hochschule de facto in kleinen Zirkeln der Professoren fielen[37], ist kein Gegenargument, denn es geht darum, nicht auch noch letzte Transparenz*möglichkeiten* aufzugeben. Klar ist im Übrigen, dass die Hochschulleitung ihre neu gewonnene Macht nicht dazu benutzen darf, das Hochschulinteresse über die individuelle Wissenschaftsfreiheit zu stellen, denn diese ist die Wurzel der Hochschulorganisation.

2.) Hochschulrat

Der Hochschulrat (in Baden-Württemberg in Anlehnung an das Aktienrecht „Aufsichtsrat" genannt) ist ein besonderes Hochschulorgan, das ei-

---

[35] Zur Idee des Hochschulmanagements u. a. *G. Krücken*, WissR 41 (2008), 345 ff.; *E Hödl/W. Zegelin*, Hochschulreform und Hochschulmanagement, 1999, S. 329 ff.; aus sozialwissenschaftlicher Sicht: *S. Nickel*, Partizipatives Management von Universitäten, 2007, S. 69 ff.; aus wirtschaftswissenschaftlicher Sicht: *Th. Hennig-Thurau*, Marktbezogenes organisationales Lernen als Aufgabe des Hochschulmanagements, 2004, S. 69 ff.

[36] Zu diesem Problem statt vieler *M.-E. Geis*, Das Selbstbestimmungsrecht der Universitäten, WissR 37 (2004), 1 (10 ff.).

[37] Darauf abstellend *S. Sieweke*, Managementstrukturen und outputorientierte Finanzierung im Hochschulbereich, 2010, S. 207 f.

ne hochschulexterne und staatsunabhängige vermittelnde Instanz zwischen Hochschule und Staat bzw. Gesellschaft sein soll[38].

Solange sich dieses Gremium darauf beschränkt, die jeweilige Hochschule unverbindlich zu beraten[39] (z. B. Kontakte zur örtlichen Wirtschaft herzustellen), ist dies verfassungs- und hochschulrechtlich unproblematisch. Bedenken weckt es hingegen, wenn der Gesetzgeber Hochschulräten die Wahrnehmung von Selbstverwaltungsaufgaben wie z. B. die Wahl der Hochschulleitung anvertraut[40]. Selbstverwaltung ist Betroffenenverwaltung[41]. Deshalb müssen die Betroffenen das Handeln von Organen, die Selbstverwaltungsaufgaben erfüllen, kontrollieren können. Bei Hochschulräten ist dies dann grundsätzlich nicht gewährleistet, wenn diese mehrheitlich mit hochschulexternen Mitgliedern besetzt sind[42]. In derartigen Fällen muss zumindest sichergestellt sein, dass die Hochschule ausreichenden Einfluss auf die Bestellung der Ratsmitglieder hat; etwa, indem eine Bestellung nicht ohne Zustimmung des Senats möglich ist[43].

Der Koalitionsvertrag der grün-roten Regierung in Baden-Württemberg sieht vor, dass die Aufsichtsräte an den baden-württembergischen Hochschulen durch externe (nur beratend tätige) Hochschulbeiräte ersetzt werden sollen[44]. Dieses Vorhaben passt zur Aussage des Vertrages „Das Leitbild der „Unternehmerischen Hochschule", das dem aktuellen Landeshochschulgesetz zu Grunde liegt, hat noch nie zu den Hochschulen gepasst". Rechtlich steht dem nichts entgegenstehen und eine derartige Reform liegt durchaus im Trend. So hat etwa das Land Mecklenburg-Vorpommern in der Neufassung seines Hochschulgesetzes vorgesehen, dass (im Gegensatz zur früheren Rechtslage) Hochschulräte an den Hochschulen nicht mehr zwingend eingerichtet werden müssen[45]. Zweifelhaft erscheint allerdings, ob nur beratende Hochschulräte ihre Aufgaben kraftvoller wahrnehmen werden als die bisherigen und ob es deshalb nicht konsequenter wäre, diese Gremien ganz wieder abzuschaffen.

---

[38] Zur Idee der Hochschulräte *D. Müller-Böling*, Die entfesselte Hochschule, 2000, S. 48 ff.

[39] Die Hochschulgesetze sehen regelmäßig derartige Kompetenzen vor (vgl. etwa § 20 Abs. 1 S. 1 LHG B-W).

[40] Z. B. § 20 Abs. 1 S. 3 Nr. 1 LHG B-W.

[41] Statt vieler *R. Hendler*, in: J. Isensee/P. Kirchhof (Hrsg.), Handbuch des Staatsrechts, Bd. VI, 3. Aufl. (2008), § 143 Rdnr. 28 ff..

[42] So vorgesehen etwa in § 20 Abs. 3 S. 2 LHG B-W. Kritisch zu derartigen Regelungen etwa auch *W. Kahl*, AöR 130 (2005), 225 (252 ff.).

[43] So geregelt etwa in § 20 Abs. 4 S. 6 LHG B-W.

[44] S. 12 des unter http://www.gruene-bw.de/fileadmin/gruenebw/dateien/ Koalitionsvertrag-web.pdf veröffentlichten Vertrags.

[45] § 86 Abs. 1 LHG M-V.

V. Fazit

Nicht zuletzt die soeben vorgeführten Konfliktfelder zeigen, dass die Beziehung zwischen Gesetzgebung und Hochschulselbstverwaltung immer wieder disharmonisch ist und wohl auch bleiben wird. Insbesondere das Urteil des BVerfG zum Hamburgischen Hochschulgesetz macht allerdings deutlich, dass in dieser Sache auch das letzte Wort aus Karlsruhe noch nicht gesprochen sein dürfte. Das BVerfG wird vielmehr noch häufiger damit zu tun haben, die von Verfassungswegen hier gebotene Harmonie herzustellen.

Subjektives Recht kann die Hochschule bis hoch zum Bundesverfassungsgericht einklagen. Wissenschaft läuft eigengesetzlich ab, ist nicht planbar. Schützt Hochschule aber nicht vor Auflösung, d. h. z. B. Gründung des KIT war kein Verstoß gegen Selbstverwaltung der Uni. Einschränkung der Selbstverwaltung nur schwer möglich: Staat ist streng an Selbstverwaltungsrecht der Unis gebunden.

Hochschulrecht ist primär Landesrecht, Bund hat z. B. nur noch Einfluss bei Zulassungen. Bundesverfassungsgericht sieht dies kritisch. Transparenz der Hochschulverwaltung sollte erhalten bleiben. Hochschulleitung und Ministerium haben Managerrolle.

Hochschulrat: Mitglieder üben Kompetenzen sehr verhalten aus, Abschaffung der Aufsichtsräte zugunsten von Beiräten wäre rechtlich unkritisch. Gewinnung von Mitgliedern bei rein beratenden Gremien gestaltet sich schwierig.

Fazit: Beziehung ist spannungsreich.

Diskussion

Träger der Wissenschaftsfreiheit:

Frage: Bei der Selbstverwaltung der Gruppen spielen eigentlich nur die Professoren eine Rolle. Ist das wirklich richtig so? - Das Bundesverfassungsgericht hat sich nur zur Gruppe der Professoren geäußert, und diese müssen die Mehrheit haben. Die nicht-wissenschaftlichen Mitarbeiter dürfen nicht mitbestimmen. Bei Personalangelegenheiten muss die Zusammensetzung bei Entscheidungen folgende sein: Professoren, wissenschaftliche Mitarbeiter, Studierende und eventuell Beschäftigte aus Verwaltung und Technik. Aber in dieser Zusammensetzung müssen die Professoren Mehrheit haben.

Frage: Wie sieht es mit einem Qualifikationsnachweis für die Selbstverwaltung aus? - Hier muss man zwischen Hochschulrat und anderen Hochschulgremien differenzieren. Das Gesetz schreibt die Zusammensetzung des Hochschulrats vor, Professoren der eigenen Einrichtung sind hier eher die Ausnahme. Professoren haben vom Gesetz her den Auftrag selbständig Forschung zu betreiben. Dies haben Studierende nicht. Diese Tatsache qualifiziert sie für die Mitarbeit in den Hochschulgremien.

Frage: Promovierende Forscher haben aber ebenfalls diesen Auftrag - hierzu gibt es auf internationaler Ebene eine Diskussion der UNESCO. Wissenschaftsfreiheit wird für alle an der Wissenschaft und Forschung beteiligten Beschäftigten reklamiert! Bezüglich des Trägers des Verfassungsrechts, den Professoren, stellt sich die berechtigte Frage, ob dies heute noch so gültig ist bei der großen Zahl wissenschaftlicher Mitarbeiter im Großforschungsbereich. Ergibt sich nicht hieraus, dass die Professoren nicht mehr diese Bedeutung haben sollten?

Krausnick: Studierende und Wissenschaftliche Mitarbeiter sind genauso Träger der Wissenschaftsfreiheit. Die Frage ist aber, ob sie an der Wissenschaftsfreiheit beteiligt werden sollen. Bei der Mitwirkung sieht das Bundesverfassungsgericht nur die Professoren vor. Man kann sich natürlich fragen, ob das noch zeitgemäß ist und die Landschaft der heutigen Hochschulen wirklich reflektiert.

Im KIT gibt es über die akademischen Mitarbeiter des Universitätsbereichs hinaus wissenschaftliche Mitarbeiter des Großforschungsbereichs, die unter Anleitung dem Professor in der Forschung zuarbeiten – dies ist nicht unbedingt eine andere Situation, aber das LHG gilt dann nicht wie bei einer Hochschuleinrichtung. Diese Situation ist nur graduell eine andere.

Frage: Professoren müssen nur bei Fragen, die die Forschung unmittelbar betreffen, eine Mehrheit in diesen Gremien haben. Kann man nicht diese Gremien mit 49:51 besetzen und somit die Mehrheit wahren? - Mehrheit heißt, eine entscheidungsfähige Mehrheit, d. h. absolute Mehrheit. Dies bedeutet, die Zahl der Professoren muss mehr als 50 % ausmachen, 2/3 Mehrheiten sind nicht notwendig.

Frage: Die wissenschaftlichen Mitarbeiter des Großforschungsbereichs des KIT machen Auftragsforschung. Kann man da von Trägern der Wissenschaftsfreiheit gemäß Artikel 5 GG sprechen? - Im Rahmen der Auftragsforschung gibt es gewisse Gestaltungsmöglichkeiten. Man wird hier Forschung so weit auslegen, dass die Grundfreiheit erhalten bleibt (in dubio pro libertate).

Einfluss des Staates durch die Rechtsaufsicht:

Kommentar: Die klassische Zwillingsnatur der Hochschulen wird das KIT verlieren. Der Rechtseinfluss des Staates muss erhalten bleiben, die staatliche Mitentscheidungsbefugnis wird erhalten bleiben, wenn auch weniger stark. Vollständig verschwinden darf nach der Verfassung der Rechtseinfluss aber nicht.

Frage: Was bedeutet der Verlust der staatlichen Einrichtung? - Das Land hat im KIT nicht mehr unbedingt das Recht, im Aufsichtsrat vertreten zu sein.

Arbeitgebereigenschaft:

Frage: Was passiert mit Beschäftigten, die nicht mehr beim Land beschäftigt sind, im Falle einer Insolvenz? Fallen diese dann an das Land zurück? - Man kann die Körperschaft als insolvenzunfähig erklären, ähnlich wie bei Gemeinden. Das birgt für die Beschäftigten allerdings immer noch ein gewisses Risiko. In dem Moment, in dem die Körperschaft liquidiert wird, sind die Beschäftigten zunächst einmal draußen mit Folgen wie bei einer klassischen Betriebsschließung! Die Arbeitsplätze sind weg. Gesetzlich kann natürlich etwas anderes festgelegt werden.

Das Paradigma der unternehmerischen Hochschule

Wolfgang Lieb

Einer der Erfinder der „unternehmerischen Hochschule", der ehemalige Leiter des bertelsmannschen Centrum für Hochschulentwicklung, Detlef Müller-Böling sagte im November letzten Jahres auf einer Veranstaltung der Uni Hamburg, dass wir uns in einer Zeit der größten Umbrüche seit den preußischen Universitätsreformen befänden. Und in der Tat hat in den letzten 10 Jahren ein Paradigmenwechsel weg vom humboldtschen Bildungsideal hin zum hayekschen Glauben an die Überlegenheit der Markt- und Wettbewerbssteuerung einer „unternehmerischen Hochschule" stattgefunden.

Mit das deutlichste Bekenntnis zur „unternehmerischen Hochschule" finden wir im nordrhein-westfälischen Hochschul-„Freiheits"-Gesetz.

Kein anderes Land mache „Freiheit mit dieser Konsequenz zur Grundlage seiner Hochschulpolitik" rühmt der ehemalige nordrhein-westfälische Innovationsminister Andreas Pinkwart in einer ministeriellen Broschüre[46] das am 1. Juli 2007 in Kraft getretene Hochschul-Freiheits-Gesetz[47].

Der Begriff „Freiheit" nimmt eine zentrale Rolle bei der Umwälzung des Hochschulwesens ein. Das Pathos der Freiheit ist geradezu das wichtigste Lockmittel für die Betroffenen.

Nun ist es ist aber so, dass kaum ein anderer Begriff in der Menschheitsgeschichte so unterschiedlich gebraucht und auch so oft missbraucht wurde, wie der Begriff der Freiheit.

Man tut also gut daran, wenn von „Freiheit" die Rede ist, immer auch nach der schon von Immanuel Kant herausgearbeiteten Unterscheidung zwischen „positiver" und „negativer" Freiheit zu fragen.

Wir hatten inzwischen 4 Jahre Zeit, der alten kantschen Frage nach der „Freiheit zu was" und der „Freiheit von was oder von wem" in der Praxis nachzugehen.

Um meine These vorwegzunehmen: Die überwiegende Mehrheit der Forschenden und Lehrenden an den Hochschulen und schon gar die Studie-

[46] http://www.hochschule-bochum.de/fileadmin/media/6_organisation/ Hochschulrecht/ extern/Hochschulen_auf_neuen_Wegen.pdf

[47] Wenn ich keine andere Quelle nenne, zitiere ich aus diesem nach wie vor im Internet abrufbaren grundlegenden Aufsatz „Hochschule auf neuen Wegen".

renden sind mit der „neuen“ Freiheit verglichen mit ihren früheren Beteiligungs- und Mitwirkungsrechten wesentlich „unfreier“ geworden als unter der früheren – allerdings durchaus nicht optimalen – akademischen Selbstverwaltung.

In der selbstverwalteten Gruppenuniversität entschieden (vor allem) die Gemeinschaft der Lehrenden und (in Studienangelegenheiten mit einer Drittelparität) auch die Studierenden – jedenfalls dem Anspruch nach – nach forschungs- und lehrrelevanten Maximen und Interessen über Forschung und Lehre und – mit zunehmend flexibilisierten Haushalten – auch über die Verteilung der Ressourcen.

Der Staat legte den Finanzrahmen fest und führte im Wesentlichen nur eine Rechts- und Finanzaufsicht. Eine „Fachaufsicht“ wie heute durch die Hochschulräte wäre gegenüber einer Selbstverwaltungskörperschaft verfassungsrechtlich nicht zulässig gewesen. Das Schreckbild staatlicher bürokratischer Detailsteuerung ist eher ein Buhmann, der von den „Reformern“ aufgebaut wurde. Man hatte damals nur einen Sündenbock, wenn es zu Knappheiten oder zu Konflikten innerhalb der Hochschule kam und der Bock, das war dann eben der Staat oder das Ministerium.

In der neuen „unternehmerischen“ Hochschule soll nicht mehr, wie Pinkwart sagte, aufgrund von „Entscheidungen in den Gremien“ (in denen nach Pinkwarts Vorurteil natürlich nur „blockiert“ wurde und „demotivierende Bedingungen“ herrschten), sondern es muss nach den Gesetzen des „Wettbewerbs“ und der „Konkurrenz“ auf dem Wissenschafts- und Ausbildungsmarkt gehandelt werden.

Aber nicht nur die Universität selbst soll „unternehmerisch“ agieren, sondern auch die Lehrenden und Forschenden sollen zu (Zitat) „Unternehmern innerhalb der unternehmerischen Hochschule“ werden.

Bei Entscheidungen unter Konkurrenz- und Wettbewerbsdruck sind natürlich ausgiebige Diskussionen in Selbstverwaltungsgremien nur (Zitat) „bürokratische Hürden“ und „Hemmnisse“ die es „aus dem Weg zu räumen“ gilt.

Die Hochschule im Wettbewerb bedarf, so Pinkwart; „klare, handlungsfähige und starke Leitungsstrukturen“, mittels derer rasche Entscheidungen getroffen und umgesetzt werden können.

Horizontale oder bottom-up-Strukturen demokratischer oder kooperativer Interessenvertretung mussten in diesem neuen Leitbild von vertikalen, top-down-Entscheidungsbefugnissen abgelöst werden.

Die „unternehmerische“ Hochschule brauche – so Pinkwart – wie ein auf „den Zukunftsmärkten“ agierendes Unternehmen ein „professionelles Management“ mit effizienten Entscheidungsbefugnissen und rascher Entscheidungskraft, das von der Spitze aus in alle Bereiche des Unternehmens – als (Zitat) „Arbeitgeber und Dienstherr" des „Personals" (ehemals Hochschullehrer genannt) und bis hinein in die „Ausbildungsverhältnisse" (ehemals Studium genannt) durchentscheiden kann.

Man braucht dazu sozusagen einen Chief Executive Officer als Präsidenten, gegen dessen Stimme keine Entscheidung getroffen werden kann. (So in § 15 Abs. 2 Ziff. 3 HFG geregelt.)

Die Qualität einer Hochschule bestimmt sich nicht mehr aus ihrer wissenschaftlichen Anerkennung innerhalb der Scientific Community, - also wie der Soziologe Bourdieu sagen würde aus ihrem „kulturellen Kapital" -, sondern in der „unternehmerischen" Hochschule erweist sich Qualität in der (Zitat) „Konkurrenz mit ihresgleichen". Und die Qualität eines wissenschaftlichen Studiums lässt sich aus den Benchmarks von Hochschulrankings ableiten. Die Qualität der Forschung aus den Drittmitteleinwerbungen – also aus ganz handfestem Kapital.

Dabei soll die einzelne Hochschule (Zitat) „das Ziel Qualität auf unterschiedlichen Wegen ...verfolgen. Die eine Hochschule wird sich auf ihre Rolle als Ausbilder und F&E-Partner in ihrer Region konzentrieren. Eine andere Hochschule wird sich an starken europäischen Mitbewerbern um technologische Leitprojekte orientieren und mit dem Anspruch antreten, in der internationalen Liga der Spitzenforschung mitzuspielen". (Zitat Ende)

Diese Zielvorstellung entspricht also in etwa dem amerikanischen Hochschulsystem mit einer hierarchisch tief gestaffelten Hochschullandschaft.

Die Entwicklung in Deutschland läuft also auf die Herausbildung einiger weniger sog. Elite-Universitäten und der großen Masse von Hochschulen ganz unterschiedlicher Quantität und Qualität hinaus.

Der „akademische Kapitalismus" betrifft aber nicht nur die Forschung, sondern vor allem auch den Wettbewerb um die Studierenden. Wir bekommen sozusagen einen „Bayern-München-Effekt" unter den Hochschulen: Die „Bayern" kaufen etwa den armen Mainzern oder nicht so finanzkräftigen Karlsruhern die „Stars" ab, sie bauen damit ihre Spitzenposition in der Tabelle aus und die anderen steigen eben ab. Was man beim Fußball noch hinnehmen könnte, weil da nur private Vereine oder nur die Hoffnungen von Fußball-Fans betroffen sind, führt auf dem Feld der Hochschulen zu einem weiteren Verlust an Einheitlichkeit der Lebensverhältnisse in Deutschland, zu einem Verlust an allgemeiner Studienqualität in der Breite und das zu Lasten von hunderttausenden von Studierenden, die aus finanziellen oder sonstigen Gründen nicht an einer Eliteuniversität studieren können.

Wir verlieren also eines der weltweit anerkannten Qualitätssiegel der deutschen Hochschullandschaft: eine zwar nicht gleichartige, aber eine qualitativ relativ hochwertige und gleichwertige Breite.

Deutschland liegt zwar im – übrigens durchaus anzweifelbaren – Vergleich der Spitzenhochschulen nicht unter den ersten 50, aber in der Zahl der qualitativ hochstehenden Hochschulen auf Platz 2 – unsere Stärke war international anerkannt die Breite.

Damit den Gesetzen des Wettbewerbs gefolgt werden kann, müssen – dem Glaubensbekenntnis des Markt- und Wettbewerbsliberalismus entsprechend – der Staat oder die Politik aus dem Marktgeschehen möglichst weitgehend herausgehalten werden.
Das Parlament ist allenfalls noch der Zahlmeister, der (Zitat) „Zuschüsse“(!) gewährt.

Die Hochschulen werden statt den Gesetzen des demokratischen Gesetzgebers, den anonymen Gesetzen des Wettbewerbs unterstellt. Den angeblich objektiven Zwängen des Wettbewerbs kann und darf sich kein Mitglied der Hochschule, ob Forschender, Lehrender oder Studierender mehr entziehen.

Die Professorinnen und Professoren sollen sich quasi als Ich-AG begreifen und dementsprechend ein leistungsabhängiges Einkommen beziehen. Die Studierenden sollen den Status von „Kunden“ erhalten und Bildung als Dienstleistung einkaufen.

Die Forschungs-, Lehr- und Lernfreiheit wird als die Freiheit zur Durchsetzung auf dem Ausbildungs- und Wissensmarkt umdefiniert.

Denkt jeder Hochschullehrer und jede Hochschule an sich, so ist an alle gedacht. So lautet das markt- und betriebswirtschaftliche Credo.

An Stelle des Ministeriums oder des Parlaments als Aufsichtsorgane wurde der „unternehmerischen“ Hochschule, wie bei einem in Form einer Aktiengesellschaft konstituierten Wirtschaftsunternehmen, eine Art Aufsichtsrat dem Management der Hochschule als (so wörtlich) „Fachaufsicht“ gegenübergestellt.

Dieser sog. Hochschulrat „besteht mindestens zur Hälfte aus Mitgliedern, die von außen kommen; der Vorsitzende kommt in jedem Fall von außen.“
Mit einem förmlichen Auswahlverfahren – bei dem die Vertreter der Hochschule allerdings in der Minderheit sind – sei (Zitat) „die demokratische Legitimation der Hochschulratsmitglieder gesichert“.

Was dabei verschwiegen wird, ist die Tatsache, dass der Hochschulrat in seinen Handlungen und Entscheidungen über die fünfjährige Amtszeit keiner irgendwie legitimierten rechenschaftspflichtig ist. Die Mitglieder können bislang selbst bei einer persönlichen Verfehlung noch nicht einmal abberufen oder abgewählt werden.

Einige dieser Defizite gestehen inzwischen sogar die wichtigsten Propagandisten der Einrichtung von Hochschulräten – nämlich das bertelsmannsche CHE und der Stifterverband für die Deutsche Wissenschaft ein.

In einem im September 2010 dieses Jahres herausgegebenen „Handbuch Hochschulräte“[48] wird z.B. inzwischen die gesetzliche Regelung einer Abberufung von Hochschulratsmitgliedern vorgeschlagen. Es wird zugegeben, dass die Haftung der Mitglieder ungeklärt ist. Die Ehrenamtlichkeit konfligiere mit den zumeist weitreichenden Kompetenzen der Hochschulräte. Statt aber die Kompetenzen auf ein realistisches Maß zurückzuführen, sollen die Hochschulratsmitglieder einen „individuellen Versicherungsschutz“, etwa einer „Directors and Officers Versicherung“, wie das für das Management von Unternehmen üblich ist, anstreben und die Hochschulen sollen die entsprechenden Versicherungsbeiträge übernehmen.

Und – weil in der neuen Hochschulwelt natürlich alles evaluiert werden muss – sollten sich die Hochschulräte einer „externen Evaluation“ stellen. Außerdem soll das Ministerium externen Hochschulratsmitgliedern zu Beginn ihrer Tätigkeit einen Leitfaden (so wörtlich) „in Form eines „Starter-Kits-für Hochschulräte“ zur Verfügung stellen.

Eine angemessene Vergütung soll die Hochschule den Hochschulratsmitgliedern auch anbieten.

Bis auf solche eher kosmetischen – teilweise eher kabarettreifen Korrekturen, wird jedoch an Hochschulräten als zentrales Steuerungselement der Hochschulen festgehalten.

Die Hochschulratsmitglieder entscheiden über das Geld der Steuerzahler nach ihren persönlichen oder ihren politischen oder ökonomischen Interessen.

Man stelle sich einmal umgekehrt den Aufstand der Wirtschaft vor, wenn per Gesetz entschieden würde, im Aufsichtsrat eines Unternehmens müsste eine Mehrheit von externen Wissenschaftlern oder von beliebigen Repräsentanten der Gesellschaft das Sagen haben.

Der Hochschulrat hat die „Fachaufsicht“ über die Hochschule!
Laut § 21 HFG konzentrieren sich die wichtigsten Machtkompetenzen einer Hochschule im Hochschulrat.

- Er wählt die Mitglieder des Präsidiums.

[48] http://www.che.de/downloads/Handbuch_Hochschulraete.pdf

- Er stimmt dem Hochschulentwicklungsplan zu.
- Er stimmt dem Wirtschaftsplan und dem Plan zur unternehmerischen Hochschulbetätigung zu.
- Er nimmt zum Rechenschaftsbericht des Präsidiums Stellung.
- Er entlastet das Präsidium.

Am Wichtigsten sind dabei die Wahl und die Entlastung der Hochschulleitung durch den Hochschulrat. Der eingangs schon erwähnte Detlef Müller-Böling, ehemaliger Chef des Bertelsmann CHE und spiritus rector des NRW- Hochschulfreiheitsgesetzes hat die Bedeutung dieser Bestimmung in dankenswerter Offenheit begründet:

Nur durch die Wahl des Präsidiums durch den Hochschulrat „erhält (Zitat) die Hochschulleitung gegenüber den hochschulinternen Gremien die Unabhängigkeit, die sie für ein effektives und effizientes Management benötigt."

Die Frage, ob die in Nordrhein-Westfalen mögliche Durchsetzung eines Präsidenten seitens des Hochschulrats gegen das Votum des Hochschulsenats verfassungskonform ist, ist Gegenstand einer juristischen Dissertation an der Universität: Der Verfasser, Thomas Horst, kommt zum Ergebnis[49], dass nach Art. 5 Abs. 3 GG der Gesetzgeber in allen wissenschaftsrelevanten Angelegenheiten verpflichtet ist, einen hinreichenden Einfluss der Träger der Wissenschaftsfreiheit zu garantieren und dass die im Hochschulgesetz NRW eingeräumte Möglichkeit der Überstimmung des Senats durch den Hochschulrat als verfassungswidrig zu beurteilen ist. Darüber hinaus sieht dieses Rechtsgutachten in der Tatsache, dass sich die externen Hochschulratsmitglieder durch den Stichentscheid des nach dem Gesetz zwangsläufig aus dem Kreis der Externen zu bestimmenden Hochschulratsvorsitzenden gegen die internen Mitglieder durchsetzen können, die in der Landesverfassung NRW in Art. 16 Abs. 1 verankerte Garantie der Selbstverwaltung als verletzt an.

Ich bin selbst Mitglied in einem Hochschulrat einer Hochschule und habe so seit mehr als 6 Jahren Erfahrungen mit einem solchen „Aufsichtsrat" sammeln können: Mit vielen anderen Hochschulratsmitgliedern, mit denen ich gesprochen habe, bin ich zur festen Überzeugung gelangt: Ein ehrenamtlicher Hochschulrat ist mit den ihm per Gesetz übertragenen Kompetenzen schlicht überfordert.

Die jeweiligen Entscheidungen leiten sich allenfalls aus dem jeweils persönlichen Vorurteil oder Interessensbezug ab, oder: man folgt lieber gleich dem Vorschlag des Präsidenten.

---

[49] http://www.nachdenkseiten.de/?p=6911

In der überwiegenden Zahl der zu treffenden Entscheidungen hat das hauptamtliche Präsidium einen nicht einholbaren Informationsvorsprung und kennt die möglichen Handlungsoptionen erheblich besser als zumindest jedes externe Mitglied des Hochschulrates.

Viele Präsidenten entwickeln sich dadurch zu Alleinherrschern bzw. zu patriarchalischen Unternehmerpersönlichkeiten.

Die Vorstellung, die mit der Einführung der Hochschulräte verbunden wurde, war die, dass diese Aufsichtsräte „Impulse aus Wirtschaft und Gesellschaft aufnehmen und als „Transmissionsriemen“ das erforderliche Beratungswissen für die Entscheidungen der Hochschulleitungen“ vermitteln sollen.

De facto gibt es jedoch fast überall, wo sich Hochschulräte konstituiert haben, „Impulse“ vor allem aus der Wirtschaft, genauer der Groß- und Finanzwirtschaft, der IHKs oder bestenfalls noch örtlicher Unternehmer.

Nach Angaben des NRW-Ministeriums[50] aus dem Jahre 2008 waren Nordrhein-Westfalen 67 der 146 externen Hochschulratsmitglieder an allen öffentlich-rechtlichen Universitäten und Fachhochschulen „Führungspersönlichkeiten“ aus der Wirtschaft.

Nach einer Erhebung der Bochumer Universität[51] über die gesamte Republik rekrutieren sich die Hochschulratsvorsitzenden mit fast der Hälfte (47%) aus Vertretern der Wirtschaft, von diesen sind 80 Prozent Aufsichtsrats- oder Vorstandsmitglieder. Kein Wunder, dass das Handelsblatt[52] ziemlich triumphierend titelte: „Manager erobern die Kontrolle an den Unis“.

Gewerkschaftliche Mitglieder sind in den bundesdeutschen Hochschulräten übrigens mit nur 3% marginal vertreten und damit ihrem gesellschaftspolitischen Stellenwert als Sozialpartner entsprechend deutlich unterrepräsentiert.

Es ist also nicht übertrieben, wenn man sagt, dass die „unternehmerischen Hochschulen“ von Unternehmensführern maßgeblich gesteuerte Hochschulen geworden sind.

Die nordrhein-westfälischen Hochschulen wurden also vom Staat und dem Parlament weitgehend „befreit“ zugunsten einer Art Ständeherrschaft, in der ein „Stand“ einen überwiegenden Einfluss hat.

---

[50] http://www.nachdenkseiten.de/?p=3363

[51] http://rubigm.ruhr-uni-bochum.de/Projekte/Hochschulraete.S-2007-981-5-1.pdf

[52] http://www.handelsblatt.com/politik/deutschland/_b=1335790,_p=27,_t=ftprint;printpage

Die Bochumer Soziologen sehen in ihrer Studie in den Hochschulräten eine „Privatisierung der Organisationsverantwortung" zu Lasten der klassisch-parlamentarischen Repräsentation der gesellschaftlichen Interessen und vor allem zu Ungunsten der Selbstverwaltung der Hochschule. Es zeige sich darüber hinaus in der tatsächlichen Zusammensetzung der Hochschulräte eine Erosion der klassischen Verbändebeteiligung.

Ich sehe in der Funktion der Hochschulräte das Kernelement einer „funktionelle Privatisierung" der öffentlichen und überwiegend staatlich finanzierten Hochschulen.

Nachdem die Versuche in Deutschland, private Hochschulen aufzubauen, sowohl in der Quantität als auch an der Qualität - zumal in der Forschungsqualität - keinen durchschlagenden Erfolg hatten, wurde nunmehr von den Verfechtern der „unternehmerischen Hochschule" die öffentlichen Hochschulen von innen heraus privatisiert.

Der einzige Unterschied zu „echten" privaten Hochschulen ist, dass diese „unternehmerischen" Hochschulen zu 80 bis 90 Prozent vom Steuerzahler finanziert werden. Die ergänzend eingeworbene private Finanzierung steuert also den ganz überwiegend staatlich finanzierten Apparat. Bildlich gesprochen: Der Schwanz wackelt mit dem Hund.

Das dürfte geradezu der Idealfall der Apologeten der Privatisierung öffentlicher Einrichtungen sein: Der Staat finanziert und Private lenken.

Inzwischen habe ich für meine These einer „funktionellen Privatisierung" Unterstützung von unverdächtiger Seite erhalten. In einer im Oktober 2010 erschienenen Studie vom Stifterverband für die Deutsche Wissenschaft in Kooperation mit McKinsey & Company wird die derzeitige Landschaft privater Hochschulen[53] untersucht. Dort heißt es: (Zitat)

„Bund und Länder haben die staatlichen Hochschulen in die Freiheit entlassen und sie weitgehend in die Lage versetzt, sich nach ihren eigenen Vorstellungen weiterzuentwickeln. Damit hat sich auch das Verhältnis zwischen privaten und staatlichen Hochschulen verändert. Bisherige Alleinstellungsmerkmale, die den privaten Hochschulen vermeintliche Wettbewerbsvorteile ermöglichten, werden nun mit staatlichen Hochschulen geteilt."

Auch eine im November 2010 veröffentlichte international vergleichende Untersuchung des Instituts für Hochschulforschung Wittenberg (HoF) mit dem Titel „Hochschulprivatisierung und akademische Freiheit" kommt

[53] http://stifterverband.info/publikationen_und_podcasts/positionen_dokumentationen/private_hochschulen/index.html

zum Ergebnis: dass „die Differenz zwischen staatlicher und privater Hochschulträgerschaft…an Bedeutung verliert"[54]

Neben dem Begriff der „Freiheit" ist das Tarnwort „Autonomie" die zweite Parole gewesen, mit der die Hochschulen ihre Tür für die „unternehmerische Hochschule" freiwillig geöffnet haben.

Nach der Auslegung des Bundesverfassungsgerichts gewährt Art. 5 Abs. 3 des Grundgesetzes

- zum einen jedem, der wissenschaftlich tätig ist oder tätig werden will – also auch Studierenden – zunächst ein subjektives, individuelles Freiheitsrecht.
- Zum anderen leitet das Gericht aus diesem subjektiven Grundrecht mittelbar eine institutionelle Garantie der Universität ab.

Damit sich Forschung und Lehre ungehindert in dem Bemühen um Wahrheit entfalten können, ist die Wissenschaft selbst – wie es das Bundesverfassungsgericht formulierte - zu einem von staatlicher Bevormundung freien Bereich autonomer Verantwortung der einzelnen Wissenschaftler und der in ihr tätigen Universität erklärt worden.

Die institutionelle Autonomie gegenüber dem Staat hat ihre Begründung darin, dass die staatlich finanzierten Hochschulen einen Ort bieten sollten, an dem sich frei von staatlichen oder politischen Interessen die Gesellschaft selbst zum Gegenstand ihres kritischen Denkens macht. Hochschulen sollten, wie Parsons das ausdrückte, als „Treuhänder der Gesellschaft" fungieren. Und um das leisten zu können sollten sich von den Verhältnissen und Interessen, die sie ja gerade aufklären sollen, unabhängig sein. Das ist der eigentliche Sinn der Hochschulautonomie.

Das Leitbild der „unternehmerischen Hochschule" wechselt diesen auf die individuelle Wissenschaftsfreiheit und nur mittelbar als „institutionelle Garantie" auch auf die Hochschule bezogenen Autonomiebegriff und verengt ihn auf die Institution Hochschule, ja noch mehr auf eine autokratische Hochschulleitung.

Die Hochschule als „autonomes" Unternehmen soll einerseits vom Staat weitgehend befreit sein, aber andererseits soll das individuelle Freiheitsrecht zu freier Forschung und Lehre der „Freiheit des Wettbewerbs" überantwortet werden.

Nämlich eben der Freiheit des Wettbewerbs um die Einwerbung von über die staatliche Grundfinanzierung hinausgehenden Drittmitteln und von privat aufgebrachten Studiengebühren. An der Einwerbung von Geld soll sich also künftig vor allem wissenschaftliche Qualität und gute Ausbildung messen.

---

[54] http://www.hof.unihalle.de/dateien/leseproben/Leseprobe_Stock2010.pdf

Damit kein Missverständnis aufkommt, ich wende mich nicht gegen einen Wettbewerb um die besten Forschungsleistungen. Einen solchen Wettbewerb unter Wissenschaftlern hat es immer gegeben. Wissenschaft – zumal an einer von der Allgemeinheit getragenen Hochschule – ist genuin auf den Wettstreit um die richtige Antwort – pathetisch gesagt – auf den Wettstreit um Wahrheit angelegt.

Pinkwarts Bild vom Wettbewerb ist aber nicht das Bild vom Wettstreit um Wahrheit: Es ist das Bild einer Hochschule, die wie ein Unternehmen ihre „Produkte" und „Waren" – also ihre Forschungsleistungen sowie ihre Aus- und Weiterbildungsangebote – auf dem Markt an kaufkräftige Nachfrager abzusetzen hat: nämlich an zahlungskräftige Forschungsförderer und Auftraggeber, an Stifter und Sponsoren – und an Studierende, die nunmehr „Kunden" sein sollen und deshalb für die eingekaufte „Ware" namens Studium zur Kasse gebeten werden.

So ist inzwischen z.B. die Drittmittelquote von 2005 bis 2008 an den Hochschulen von 20,1 % auf über ein Viertel (25,1%) gestiegen. Davon sollen an der TU München knapp die Hälfte (45%) direkt von der Wirtschaft kommen.[55]

In Diskussionen wird meiner Kritik häufig entgegengehalten, meine Beschreibung der „unternehmerischen Hochschule" sei zwar nicht falsch, aber was spräche gegen dieses Leitbild, wenn es zu mehr Effizienz, zu mehr Wirtschaftlichkeit und zu mehr Qualität der Hochschule führe.

Diesem Einwand lässt sich auf einer theoretischen Ebene entgegentreten. Darauf muss ich an dieser Stelle verzichten.

Diese Behauptung wurde inzwischen aber auch empirisch widerlegt.

Die Soziologen Klaus Dörre und Mathias Neis von der Friedrich-Schiller Universität Jena untersuchten die Gretchenfrage, ob die „unternehmerische Hochschule" tatsächlich auch unternehmerisch erfolgreich ist.

Das Ergebnis ist ernüchternd:

„Einseitig an messbaren Effizienz- und Wettbewerbskriterien ausgerichtete Steuerungssysteme, wie sie den Leitbildern der unternehmerischen Universität und eines academic capitalism entsprechen, laufen Gefahr, das Gegenteil von dem zu produzieren, was sie eigentlich beabsichtigen. Sie können Innovationen erschweren, ja geradezu blockieren." (S. 153)[56]

Denn Innovationen entstünden innerhalb der Universität als Ergebnis weitgehend ungeplanter Prozesse in Nischen, die sich einer direkten

---

55 http://www.ihf.bayern.de/beitraege/2002_2/2-2002%20Bode-2_2002.pdf

56 Klaus Dörre, Matthias Neis: Das Dilemma der unternehmerischen Universität, 2010, Berlin: edition sigma

Kontrolle entzögen. Sie beruhten auf kollektivem Lernen, setzten Vertrauen und gegenseitige Anerkennung und eben gerade nicht Konkurrenz um privates Geld voraus.

„Das Regime von McKinsey und Co“ – so das Fazit - beeinträchtige geradezu die Funktionsfähigkeit der „Herzkammer des Kapitalismus“, nämlich sein Innovationssystem.

Diesem Fazit schließe ich mich an.

Deutschland ist vor allem auch Dank seiner Innovationskraft, und das heißt auch Dank seiner wissenschaftlich qualifizierten Arbeitskräfte und seiner wissenschaftlichen Innovationen zu einem der wettbewerbsfähigsten Exportländer geworden.

Hoffentlich bemerken wir rechtzeitig genug, dass die „unternehmerische Universität“ für unternehmerischen Erfolg eher kontraproduktiv ist.

Ich bedanke mich für Ihre Aufmerksamkeit.

Diskussion

zur Fachaufsicht:

Frage: Beim Wort Fachaufsicht werden unterschiedliche Begriffe bzw. Bedeutungen vermischt. Eine Fachaufsicht im engeren Sinne sollte erhalten bleiben. - Lieb sieht die Fachaufsicht allgemein als staatliche Bevormundung. Ansonsten ist damit aber eher die durch die Hochschulgesetze vorgeschriebene Wahrnehmung der Verantwortung des Staates gemeint.

Lieb schildert, dass er bis 2007 extreme Probleme mit der Fachaufsicht beobachtet hat. Eine Finanzaufsicht kann zur Fachaufsicht geraten. Nach wie vor handelt es sich um eine sehr globale auf einen institutionellen Rahmen bezogene Aufsicht. Undenkbar ist es, einer Hochschule einen Hochschulentwicklungsplan zu diktieren. Die demokratische Ableitung von Machtbefugnissen ist an Hochschulen in NRW nicht mehr gegeben.

Es wird bemerkt, dass der Begriff „Fachaufsicht“ in der Tat relativ eng gesehen werden kann – so wie er zum Beispiel im Landeshochschulgesetz verwendet wird. Eine Fachaufsicht hat bisher selten zu einem Durchgreifen des Ministeriums an einer Hochschule geführt. Dies bestätigen Kanzler verschiedener Universitäten.

Es wird kommentiert, dass das Land Expertenkommissionen zu Evaluationen einsetzt, das auch eine Form von Fachaufsicht sei.

Unternehmerische Strukturen:

Kommentar: Es ist ein alter Trick aller Privatisierer, Institutionen nieder zu reden, kaputt zu sparen und zu sagen, diese Einrichtung tauge nichts mehr - der Markt kann alles besser, der Staat kann nichts. Die Mission von Reinhard Mohn und der Bertelsmann-Stiftung ist mit einem bestimmten Weltbild verbunden. Worum geht es? Es geht darum, unternehmerische Strukturen auch in den Staat einzuführen, wie z.B. selbständige (private) Schulen. Dies war in den 90igern zeitgeistig gewesen.

Die Idee der unternehmerischen Hochschule ist im allgemeinen Denken bereits eingegangen. Tückisch ist jedoch, dass in den ganzen Texten zum Leitbild der unternehmerischen Hochschulen überall Sätze zu finden sind, die keiner der Anwesenden ablehnen würde. Die unsozialen und undemokratischen Komponenten finden sich zwischen den Zeilen.

Frage: Hat sich Forschung und Lehre mit der Einführung der unternehmerischen Strukturen nach dem Hochschulfreiheitsgesetz in NRW verändert?

Lieb meint, dass die Feststellung von Veränderungen bei Forschung und Lehre ein schwieriges Problem darstellt. Die institutionelle Förderung hat die staatliche Grundförderung auf ein Mindestmaß zurückgedreht und sich zwecks zusätzlicher Einnahmen dem Wettbewerb gestellt. Ob sich die Situation dadurch verbessert hat, ist schwer zu sagen. Die Uni Dortmund hat dies untersucht: anhand von Ausgründungen, die an der Uni Dortmund stattgefunden haben, sieht man eher eine negative Entwicklung (vgl. Industriepark Dortmund). Es gab nicht mehr Impulse und Ausgründungen als vor der Einführung der unternehmerischen Hochschule. Darüber hinaus passen der Bologna-Prozess und die unternehmerische Hochschule eigentlich ganz gut zusammen.

Frage zur funktionellen Privatisierung: welche Merkmale zeichnen diesen Begriff aus, welche praktischen Konsequenzen hat die funktionelle Privatisierung? Kann man dem eine funktionelle Vergesellschaftung entgegensetzen? - Eine solche entspräche den Rundfunkanstalten. Die Konstruktion des Rundfunkrats kommt aber bei den Unis nicht an. Beim Leitbild der sozialen und demokratischen Hochschule wurde der Versuch gemacht, eine Rückführung auf die funktionelle Vergesellschaftung einzuleiten. Lieb selbst hält es für falsch, wissenschaftsfremde Gremien in die Wissenschaftsgestaltung eingreifen zu lassen. Absolut erforderlich sei, dass sich die Wissenschaft gegenüber der Gesellschaft in ihrer Arbeit legitimiert. Die Diskussion hierzu wurde in Deutschland abgebrochen, in angelsächsischen Ländern gibt es diese Diskussion noch. Wissenschaft hat sich öffentlich darzustellen und zu legitimieren. Sie hat die Pflicht, dass man einen offenen Diskurs über die Zielsetzung von Wissenschaft führt. Lieb ist dagegen, dass externe Gremien Entscheidungen in der Hochschulentwicklung treffen können.

Hochschulräte:

Frage nach dem Verhältnis Hochschulrat – Präsidium: Eine Studie belegt, dass dank nicht vorhandener hochschulinterner Kompetenz es in nur wenigen Situationen zu massiven Konflikten im Hochschulrat gekommen ist. Die Einwirkung eines Präsidiums auf den Hochschulrat entspricht eher einer Osmose. Ein Präsident wird sich schon in der Darstellung seines Projektes bemühen, die Hochschulräte für sich einzunehmen. Hochschulräte kommen im Allgemeinen viermal im Jahr für vier Stunden zusammen. Papiere und Unterlagen existieren teilweise nur als Tischvorlage, ansonsten überfliegen externe Hochschulratsmitglieder die Papiere während der Anreise – wie sollen da die Mitglieder, die im Hochschulrat sitzen, schwierigste Fragen über z.B. die Zusammenlegung von Fachbereichen beantworten bzw. beurteilen? Das kann nicht funktionieren. Der Vorsitzende des Hochschulrates ist ein Externer, er leitet die Sitzung, der Präsident setzt sich vorher mit ihm zusammen, spricht die Tagesordnung durch. Kann sich der Präsident mit dem Vorsitzenden verbünden, läuft alles nach seinen Wünschen.

Finanzierung:

Kommentar: Die Lenkung einer Institution erfolgt im Wesentlichen danach, woher die über die staatliche Finanzierung hinausgehenden Mittel zu bekommen sind. Die institutionelle Finanzierung ist rückläufig, hier ist die Wissenschaftsfreiheit schon soweit tangiert, dass man die Forschung und teilweise auch die Lehre aus Grundmitteln nicht mehr leisten kann. Die Freiheit, eigenständig ein Projekt zu entwickeln, ohne Gelder von außen zu akquirieren, ist verloren gegangen.

Wenn Mittel parlamentarisch kontrolliert vergeben werden, kann man eine Steuerung der Verwendung der Mittel nicht in Gänze ablehnen. Die Helmholtz-Forschung ist im Prinzip eine staatliche Förderung, die aber trotzdem Konkurrenz beinhaltet. Die Politik muss sich selbst mehr engagieren, aufzeigen wie z. B. Forschung der Bevölkerung nutzt, wie der Einfluss der Wirtschaft, wie stark der Wettbewerb sein darf.

Es wird gefragt, ob es naturgegebenen sei, Wettbewerb unter Wissenschaftlern zu fördern, zu beschleunigen? – Dies ist, so Lieb, sicher eine ganz wichtige Aufgabe. In Deutschland gibt es eine hervorragende Forschungs-Arbeitsteilung durch Fraunhofer, MPI, Helmholtz, Leibnitz-

Gesellschaft. An Hochschulen sollte nicht so weit gegangen werden, dass man sich mit der Industrie zusammenschließt. Eine Kooperation ist in Ordnung, es darf aber nicht soweit kommen, dass ganze Fachbereiche von einem beauftragenden Unternehmen beeinflusst oder geleitet werden. Es muss Transparenz bei der Geldverwendung und den Geldflüssen vorhanden sein.

Bemerkung am Rande: Marketing wird leider weniger genutzt, die wissenschaftliche Reputation der Hochschule darzustellen, sondern, um in Kooperation mit entsprechenden Geldgebern zu kommen.

Entdämonisierung der HochschulRäte

Gerd Köhler

Nur wenige Entscheidungen haben die hochschulpolitischen Auseinandersetzungen in den vergangenen Jahren so polarisiert wie die Einführung von HochschulRäten an den deutschen Universitäten und Fachhochschulen. Die Interessenlagen sind so unübersichtlich wie die Vielzahl der unterschiedlichen Modelle, Zielsetzungen und Organisationsformen: Die einen wollen die alte Hochschulselbstverwaltung entmachten, die Hochschulen betriebswirtschaftlich neu ordnen und – gestützt auf das Modell des „New Public Management“ – HochschulRäte als Entscheidungsgremien mit weitreichenden Kompetenzen einführen. Andere wollen eher Beratungsgremien, die als Puffer zwischen Wissenschaftsministerien und Hochschulen fungieren und die Hochschulen bei der Modernisierung unterstützen. Die meist externen Mitglieder der HochschulRäte verkörpern zum großen Teil den Mainstream in Wissenschaft und Wirtschaft. Die Benennungsverfahren sind wenig transparent, Vertreter der Gewerkschaften und anderer gesellschaftlicher Gruppen sind – wenn überhaupt – nur als Minderheit vertreten. Die Hochschulräte tagen in der Regel nicht öffentlich. Ihre Mitglieder sind in den Hochschulen wenig bekannt. Ihre Einführung war wenig vorbereitet und durchdacht, der Widerstand – in allen Gruppen der Hochschulen dementsprechend vorhersehbar.

Bei meiner Argumentation stütze ich mich auf Erfahrungen, die sich als hochschulpolitisch engagierter Gewerkschafter zunächst im LandeshochschulRat in Brandenburg, später als Mitglied des Universitätsbeirates Flensburg und als Mitglied des HochschulRates der Universität Gießen gesammelt habe. Heute sitze ich im Kuratorium der Universität Halle-Wittenberg und im HochschulRat der Stiftungsuniversität Frankfurt/Main.

Beginnen möchte ich mit einer hochschulpolitischen Einschätzung der Lage im Hochschul- und Forschungsbereich. Danach sollen Anmerkungen zur praktischen Arbeit der HochschulRäte zu deren „Entdämonisierung“ beitragen. Im Anschluss möchte ich zwei Ansätze zur Begründung von HochschulRäten vorstellen und nach Alternativen zu deren heutigen Praxis fragen.

Widersprüche in der Hochschulentwicklung

Wie in der gesamtgesellschaftlichen Entwicklung scheinen die konservativen Gesellschaftsentwürfe auch im Hochschul- und Forschungsbereich an ihre Grenzen zu stoßen, Widersprüche treten immer deutlicher zu Tage:

- Die Wissensgesellschaft – so argumentiert nicht nur die GEW – verlangt mehr hochschulqualifizierte Arbeitskräfte, stattdessen werden die Hochschulen durch restriktive Haushaltspolitik zu flächendeckendem Numerus Clausus gezwungen.
- Notwendige inhaltliche Weiterentwicklungen von Lehre und Studium werden durch Überreglementierung und Verdichtung erstickt – statt Kreativität und Innovationskraft zu fördern, findet faktisch eine „Entinhaltlichung“ der Hochschulreform statt.
- Während im individuellen wie im gesamtgesellschaftlichen Interesse nach neuen – ausbildungsadäquaten – Beschäftigungsmöglichkeiten für Hochschulabsolventen/innen gesucht werden sollte, verweigern sich die Hochschulen weitgehend der Auseinandersetzung über das Verhältnis von Studium und Beruf.
- Statt durch eine Ausweitung der Grundhaushalte die Eigenständigkeit der wissenschaftlichen Arbeit zu stärken, werden durch eine weitgehend deregulierte Expansion der Programm- und Projektförderung neue Abhängigkeiten von „Markt und Mode“ geschaffen und damit die gewollte Autonomie im Ansatz gefährdet.
- Statt die vom europäischen Ministerrat beschlossene „European Charta for Reseachers“ zur Verbesserung der Arbeitsbedingungen und der beruflichen Perspektiven jüngerer Wissenschaftler/innen zu unterstützen, weiten die Hochschulen das Fristvertragsunwesen aus.
- Für nachhaltige Veränderungen der Hochschulen und Forschungseinrichtungen werden Menschen benötigt, die selbstbewusst und konstruktiv die Entwicklungen (mit-)gestalten können und wollen. Stattdessen werden Mitbestimmungsrechte eingeschränkt, Arbeitsverhältnisse polarisiert und ein nachhaltiges Personalmanagement verweigert.
- Statt nach neuen Formen der Kooperation und Partizipation in und zwischen den Hochschulen, auf regionaler wie internationaler Ebene zu suchen, bestimmt ein gnadenloser Konkurrenzkampf die wissenschaftliche Arbeit; er verbaut Kommunikation und erschwert den Hochschulen, ihrer gesellschaftlichen Verantwortung gerecht zu werden.

Wissen sie, was sie tun?

Unter der wohlfeilen Parole der „Profilierung im Wettbewerb“ hat sich ein unübersichtliches Neben- und Gegeneinander von neuen Organisations-

und Steuerungsmodellen herausgebildet, das weder in den Hochschulen noch die Öffentlichkeit überzeugt. Das vom Stifterverband für die Deutsche Wissenschaft und dem Centrum für Hochschulentwicklung (CHE) veranstaltete „Forum für Hochschulräte“ einerseits und das „Treffen der Vorsitzenden deutscher Universitäts- und Hochschulräte“ andererseits sorgen zwar für einen gewissen Erfahrungsaustausch, zu gemeinsamen Positionsbildungen haben sie jedoch bislang wenig beigetragen. Das hängt auch damit zusammen, dass „man mehr oder weniger unter sich“ tagt: meist ältere „gestandene“ Hochschulpolitiker und Wissenschaftsadministratoren, hin und wieder ein Gewerkschafter.

Vor diesem Hintergrund frage ich mich, ob die Hochschulen wirklich wissen, was sie von den HochschulRäten erwarten? Suchen sie ein Beratungsgremium für die Hochschulleitung und die Gremien der Hochschulselbstverwaltung oder wollen sie die HochschulRäte als „kritisch-konstruktive agents of change“ für die Weiterentwicklung der Hochschule nutzen? Sind sie bereit, sich von einem HochschulRat „in die Karten“ schauen zu lassen (Haushalts- und Wirtschaftsplan, Haushaltsabschlüsse …) und ihm gegenüber – auch selbstkritisch – Rechenschaft abzulegen? Oder versprechen sie sich mit Hilfe der HochschulRäte vor allem mehr öffentliches Gehör (gegenüber der Landesregierung oder den Medien)? Die Diskussion über „Leitbilder für die Arbeit der HochschulRäte“ ist bislang wenig zufriedenstellend verlaufen.

Das leitet über zu der Frage, ob denn die HochschulRäte ihrerseits wissen, was sie tun (wollen)? Haben sie ein eigenes Rollenverständnis entwickelt und dieses mit der Hochschule „kommuniziert“? Wie wollen sie angesichts der „sehr überschaubaren“ Sitzungszeiten an den Entscheidungen über die strategische Hochschulentwicklung beteiligt werden? Wie viel Zeit wollen sie für die „Mitgestaltung eines Hochschulentwicklungsplans“ zur Verfügung stellen? Wie wollen sie ihr „Initiativrecht“ z. B. bei der Einforderung von und der Diskussion über Berichte der Hochschulleitung nutzen (Lage der jüngeren Wissenschaftler/innen, Gender-Bericht, Drittmittel-Bericht …)? Wie soll die Entlastung der Hochschulleitung erfolgen? Mit wem wollen die HochschulRäte in den Hochschulen sprechen? Nur mit der Hochschulleitung und dem Senat oder auch mit den Personal- und Studierendenvertretungen?

Schließlich bleibt die Frage, ob die „Politik“ weiß, welche Aufgaben – ihrer Meinung nach – von den HochschulRäten wahrgenommen werden sollen? Wenn bislang staatliche Aufsichts- und Kontrollrechte von den HochschulRäten übernommen werden sollen, müssen diese dann nicht anders – repräsentativ und aufgabengerecht(er) – zusammengesetzt werden? Sollen die HochschulRäte ihrerseits gegenüber dem Landesparlament bzw. der Landesregierung berichtspflichtig sein, welche „Verantwortung“ sollen sie übernehmen? Sollen die HochschulRäte in die hochschulübergreifende, landesweite Hochschulplanung miteinbezogen werden, um eine Abstimmung zwischen den einzelbetrieblichen Interessen zu finden?

Überfällig ist meiner Meinung nach eine systematische Analyse der bisherigen Arbeit der HochschulRäte. Sie könnte dazu beitragen, die bisherige Debatte über die HochschulRäte zu „entdämonisieren“, denn die Praxis zeigt, dass auch hier nur mit Wasser gekocht wird. Gespannt sein kann man auf das Forschungsprojekt „Die Reform der staatlichen Hochschulsteuerung durch Kontraktmanagement und ihre Bedeutung für Mitbestimmung und Chancengleichheit an den Hochschulen“, das an der Ruhr-Universität Bochum bearbeitet wird. Erste Aussagen haben Andreas Friedrichsmeier und Manfred Wannöffel mit der Expertise „Mitbestimmung und Partizipation“ als Arbeitspapier 203 der Hans-Böckler-Stiftung publiziert. Es wäre wünschenswert, wenn diese Forschungsergebnisse in Werkstattgesprächen mit allen am Wissenschaftsprozess beteiligten Gruppen ausführlich beraten und erst dann konkrete Vorschläge für die künftige Arbeit von HochschulRäten erarbeitet würden.

Brücke zwischen Hochschule und Gesellschaft

Wenn heute die Einführung von HochschulRäten begründet oder ihre Praxis kritisiert wird, so geschieht das fast immer mit Bezug auf das Konzept des „New Public Managements“. Die „Ver-Betriebswirtschaftlichung“ der Hochschulen ist derart dominant, dass ein alternativer Ansatz für die Begründung von Hochschulräten weitgehend vergessen ist:

Jürgen Habermas hat am 28. Mai 1969 in einer bemerkenswerten Rede vor der 73. Plenarversammlung der (damals noch) Westdeutschen Rektorenkonferenz (WRK) nicht nur die Notwendigkeit begründet, alle an den Lehr- und Forschungsprozessen beteiligten Gruppen in die Entscheidungsprozesse der Hochschulen einzubeziehen, sondern auch gefordert, das Verhältnis von Hochschule, Staat und Gesellschaft neu zu ordnen. Seine Argumentation: „Der Verwissenschaftlichung der Berufs- und Alltagsprozesses entspricht eine Vergesellschaftung der in den Hochschulen organisierten Lehre und Forschung … Entscheidungen über die Struktur und den Ausbau der Hochschulen, Entscheidungen über den Umfang der einmaligen Investitionen und der laufenden Mittel, Entscheidungen vor allem über die Allokation der Mittel haben heute unmittelbar politisches Gewicht“. Die Folgen beschreibt er so: „Entweder zieht die Kultusverwaltung immer mehr Kompetenzen einer entpolitisierten Hochschule an sich … oder die Hochschule selbst konstituiert sich als eine auf dieser Ebene politisch handlungsfähige Einheit und vertritt sachverständig ihre legitimierten Ansprüche." Seine Schlussfolgerung: „Unter gegenwärtigen Verhältnissen kann die Hochschule ihre Autonomie nur wahren, wenn sie sich als eine politisch handlungsfähige Einheit konstituiert. Im Innern durch Mitbestimmung und Partizipation aller am Wissenschaftsprozess Beteiligten, nach außen durch einen neuen Dialog zwischen Hochschule und Gesellschaft. In einem „Kuratorium mit staatlich delegierten Entscheidungskompetenzen" sieht er eine geeignete Form, wie die gesellschaftlichen Interessengruppen die Vertreter der Universität mit ihren Ansprüchen und Bedürfnissen konfrontieren können und umgekehrt auch die Repräsentanten der Hochschulen Gelegenheit bekommen, ihre Forderungen und Grundsätze plausibel zu machen." Gut vierzig Jahre ist es her, dass Habermas diese Neuordnung der Verhältnisse von Hochschule, Staat und Gesellschaft gefordert hat. 1984, also 25 Jahre später hat die GEW seine Grundgedanken im Titel des „Göttinger Hochschulkongresses – Hochschule in der Demokratie – Demokratie in der Hochschule" aufgenommen und in zahlreichen Foren weiterentwickelt.

Es wird Zeit, diese Ideen wieder aufzugreifen und zu zeigen, dass HochschulRäte als Brücke zwischen Hochschule und Gesellschaft mehr sein können als Steuerungsinstrumente für eine ökonomisch verkürzte Effizienzsteigerung an den Hochschulen.

Diskussion

„Unternehmerische" versus demokratische und soziale Hochschule"

Das Konzept der „unternehmerischen Hochschule" wurde streitig diskutiert: Erträge zu erwirtschaften, sei nicht die Aufgabe der Hochschule. Eine „kritisch-aufklärerische Wissenschaft" lasse sich nicht nach den Prinzipien von „Markt und Wettbewerb" organisieren. Die Studierenden seien keine „Kunden". Die „Ver-Betriebswirtschaftlichung" der Hochschule habe zu einer weitgehenden „Ent-Inhaltlichung" der wissenschaftlichen Arbeit geführt. Unter dem allgegenwärtigen Konkurrenzdruck würde nicht nur das „soziale Lernen" sondern auch eine wissenschaftsadäquate Kooperation in Forschungsfragen leiden. Vor lauter „besser" sein zu wollen als die anderen, habe man die Frage vernachlässigt, wofür man eigentlich gut sein wolle. Eine von „Markt und Mode" abhängige Wissenschaft sei nicht autonom, sie werde ihrer gesellschaftlichen Verantwortung nicht gerecht. Das „Schweigen der Wirtschaftswissenschaften" zur weltweiten Finanzkrise und ihren Ursachen sei ein Beispiel für dieses Versagen von Wissenschaft.

Der Hinweis auf das von den Gewerkschaften entwickelte Konzept einer „demokratischen und sozialen Hochschule" machte deutlich, dass es „Alternativen" zur „unternehmerischen Hochschule" gibt: Eine Hochschule, die im Inneren allen am Wissenschaftsprozess Beteiligten Partizipations- und Mitbestimmungsrecht einräume und sich nach außen zur Gesellschaft öffne, ihre Fragen aufnehme und sich dabei ihrer gesellschaftlichen Verantwortung stelle. Das erst rechtfertige die individuelle und institutionelle Eigenständigkeit und Autonomie der wissenschaftlichen Arbeit. Gefordert wurde „Demokratie in der Hochschule", damit die „Hochschulen in der Demokratie" ihren Aufgaben gerecht werden können. Die Ambitionen des New Public Management und seiner Steuerungsinstrumente müssten aufgezeigt und „entdämonisiert" werden, um an demokratische Positionen wie die von Habermas wieder anknüpfen zu können.

„Dicke Bretter bohren"

Die Widersprüche der „unternehmerischen Hochschule" aufzuzeigen, werde viel analytische Arbeit erforderlich machen, wurde argumentiert. Mit der Diskussion über das Leitbild einer „demokratischen und sozialen Hochschule" hätten die Gewerkschaften erste Beiträge zu einer solchen Auseinandersetzung geliefert. Sie sollten mit mehr Nachdruck verbreitet und in den Hochschulen vertreten werden. Die in diesem Zusammenhang von älteren und jüngeren Wissenschaftlern erarbeiteten und von der Hans-Böckler-Stiftung publizierten „Expertisen" böten fundierte Beschreibungen der aktuellen Positionen und Diskussionsstände. Es lohne sich, diese in die gewerkschaftliche Bildungsarbeit zu integrieren und weiterzuentwickeln.

Die Gewerkschaften sollten Initiativen für eine „demokratisch-repräsentative Neubesetzung der HochschulRäte" starten. Heute kommen die HochschulRäte vornehmlich aus dem Kreis älterer Wissenschaftsadministratoren und Unternehmensvertretern, nur weniger als 5 Prozent aus dem Gewerkschaftsbereich. Das müsse verändert werden.

Die Hans-Böckler-Stiftung sollte überlegen, ob sie nicht – wie im Mitbestimmungsbereich der Betriebe und Verwaltungen – spezielle Qualifizierungsangebote für GewerkschaftsvertreterInnen in den HochschulRäten anbieten kann. Es sollte eine Gruppe aufgebaut werden, die Informations-, Koordinations- und Vernetzungsaufgaben für HochschulRäte übernimmt. Organisiertes Handeln sei notwendig, um die „dicken Bretter bohren“ zu können.

Wenn wir in den HochschulRäten erfolgreich wirken wollen, müssen wir gut vorbereitet sein. Nur dann werden wir „auf Augenhöhe“ agieren. Fachkompetente Kritik kann weniger leicht beiseitegeschoben werden, berichtete ein gremienerfahrener Gewerkschafter.

Wichtig sei auch, dass über die Arbeit des HochschulRates ausführlich berichtet wird. Die Gremien und Personengruppen der Hochschule müssen in die Wissensbildungsprozesse miteinbezogen werden. Die Entscheidungsprozesse im HochschulRat müssen transparent gestaltet werden: Dort, wo die Arbeitsgruppen oder Ausschüsse eingesetzt werden, müssen deren Ergebnisse im HochschulRat vorgetragen und zur Abstimmung gestellt werden. Die „Letzt-Entscheidung“ muss beim HochschulRat liegen. Das setzt voraus, dass alle für diese Entscheidungen wichtigen Fakten allen Mitgliedern des HochschulRates zur Verfügung stehen müssen.

Frage: Was bedeutet es für den Hochschulrat, wenn sich der Staat aus den Hochschulen starker zurückzieht? Wird der Hochschulrat stärker, wenn der Einfluss des Staates schwindet?

Köhler: Damit die neue Aufgabenverteilung funktioniert, bedarf es eines HochschulRates, der bei den Haushaltsentwürfen, Personalentwicklungsplänen und Rechenschaftsberichten immer wieder nachfragen kann. Der Staat gibt ab, die Hochschule gewinnt und braucht ein Kontrollorgan, nämlich den Hochschulrat, der auch die Weiterentwicklung der Hochschule vorantreibt und sich eigenständig einmischt. Der HochschulRat sollte Gespräche nicht nur mit dem Präsidium suchen, sondern sich auch unabhängig vom Präsidium innerhalb der Uni informieren. Der Hochschulrat fungiert nach innen und kommuniziert nach außen - er übernimmt eine Mittlerposition zwischen Uni und Gesellschaft. Das gilt für die Aufgaben der Hochschule genauso wie für ihre Finanzierung. Unterstützt von einem HochschulRat können sie deutlicher machen, wofür sie gut sind und dass sie ihre Arbeit gut machen. Das rechtfertigt die Mittel und die Autonomie, die sie für ihre Arbeit beanspruchen.

Aufsichtsrat contra Verwaltungsrat oder doch nur Hochschulbeirat?

Reiner Koch

Ich spreche hier nicht als Mitglied des Aufsichtsrates der EnBW AG, obwohl es sicher interessante Themen gäbe. Das Aktienrecht und die Vertraulichkeit der Beratungen im Aufsichtsrat lassen dies nicht zu.

Auf Grund meiner langjährigen Erfahrung mit der Mitbestimmung in öffentlichen und privaten Unternehmen kann ich allerdings Impulse geben für die Diskussion. In der Energiewirtschaft hat die Mitbestimmung eine lange Tradition und wir kennen noch zahlreiche Beispiele, wo ehemals öffentliche Unternehmen freiwillig die Mitbestimmung erweitert haben, um eine Parität herzustellen. Mitbestimmung heißt für mich verhandeln auf Augenhöhe mit gleichen Rechten für alle Mitglieder des Aufsichtsrates und dem Willen gemeinsam eine Lösung zu finden. In den Aufsichtsräten in denen ich zurzeit bin, ist es in den letzten Jahren immer gelungen ohne Kampfabstimmungen Lösungen zu finden.

Wirtschaftliche Macht braucht soziale Kontrolle – Diese These gilt auch für die Forschung und den Wissenschaftsbetrieb. Denn ohne Geld und damit ohne Sach- und Personalmittel gibt es keine Wissenschaftsfreiheit. Und der Betrieb einer Universität oder Forschungseinrichtung funktioniert nicht alleine mit den Professoren. Dazu gehören die wissenschaftlichen Mitarbeiter, Verwaltung, Technik, Service, die wissenschaftlichen Hilfskräfte und Studenten. Sie müssen an den Entscheidungen beteiligt werden.

Beteiligung bedeutet nicht nur die betriebliche Mitbestimmung durch Personalräte, die gerade in Baden-Württemberg sehr schwach ausgebildet ist, sondern erfordert die Teilhabe an Führungsentscheidungen, an der Verwendung von Sach- und Personalmitteln, an strategischen Entscheidungen. Auch im öffentlichen Bereich und im Wissenschaftsbetrieb ist sie mehr als notwendig.

Die Rechtsform selbst ist kein Hindernis dafür. Nicht nur in der AG oder GmbH gibt es Unternehmensmitbestimmung. Auch in Anstalten und Körperschaften des öffentlichen Rechts und in Eigenbetrieben ist Mitbestimmung möglich. Sie reicht von der Drittelbeteiligung (Sparkassengesetz) bis zur Parität (Berliner Betriebegesetz) und sie hat sich bewährt.

Stadtwerke, Konzerne wie E.ON AG, RWE AG, Vattenfall Europe AG und EnBW AG waren wegen der paritätischen Mitbestimmung in der Vergangenheit so erfolgreich. Und Vattenfall und EnBW sind heute noch oder wieder öffentliche Unternehmen. Auch E.ON und RWE waren früher reine öffentliche Unternehmen.

Wobei nicht die Begrifflichkeit, also Aufsichtsrat, Verwaltungsrat oder Hochschulrat im Vordergrund stehen darf, entscheidend ist die Qualität der Beteiligung also paritätisch oder zumindest ein Drittel. Professoren als Führungskräfte wären für mich dann die leitenden Angestellten und Vertreter der Anteilseigner die Geldgeber sprich Land und private Institutionen durch z.B. die Drittmittel. Weniger wie ein Drittel wäre für mich eine reine Alibiveranstaltung, ebenso Beiräte die nichts zu sagen haben.

Die Kompetenz in diesen Gremien kommt nicht von den Externen, es sei denn sie haben die notwendigen Branchen- und Unternehmenskenntnis und die Bereitschaft zur Qualifizierung. Gerade die internen Arbeitnehmervertreter und die externen Gewerkschaftsvertreter/innen sind an nachhaltigem wirtschaften interessiert, schielen nicht auf den Börsenkurs und sind oft der Motor für Innovation und Investitionen.

Karlsruhe ist die heimliche Hauptstadt des Landesteils Baden. Ein Blick in die kurze Geschichte des Landes Baden und seine Gesetze nach 1945 zeigt, dass Mitbestimmung hier immer einen hohen Stellenwert hatte.

Die neue Landesregierung ist gefordert gerade in der Forschung und Wissenschaft neue Beteiligungsmodelle auszuprobieren und wirtschaftliche Mitbestimmung zu ermöglichen. Der grün-rote Koalitionsvertrag hat dazu zwei wesentliche Aussagen gemacht:

„Wir wollen Baden-Württemberg zum Musterland demokratischer Beteiligung machen“ und später „...Alle Hochschulmitglieder beteiligen...“. Es wird auch von mehr Gestaltungsfreiheit sowie Erweiterung der Autonomie gesprochen und das KIT soll die Arbeitgebereigenschaft übertragen bekommen.

Ich hoffe dies gilt auch für die Beschäftigten des Landes, der Wissenschafts-einrichtungen und der Forschungsbetriebe. Im Koalitionsvertrag habe ich leider nichts zu mehr Beteiligung der Beschäftigten, Erweiterung der betrieblichen Mitbestimmung oder unternehmerische Mitbestimmung gefunden. Und Beiräte ohne echte Mitsprache scheint eine Schwäche der Grünen in Ba-Wü zu sein. Echte und paritätische Mitbestimmung der Beschäftigten kommt leider nicht vor.

In der Wirtschaft und im Aktienrecht haben wir ein duales Leitungsmodell. Das hat zur Folge, dass der Vorstand oder die Geschäftsführung für das sogenannte operative Geschäft zuständig ist und der Aufsichtsrat den Vorstand berät, kontrolliert oder überwacht sowie die strategische Ausrichtung des Unternehmens mit beeinflusst. Wesentliche wirtschaftliche

Entscheidungen bedürfen seiner Zustimmung und er entscheidet über die Verträge mit den Vorständen bzw. Geschäftsführern. Die Inhalte der Zielvereinbarungen mit den Leitungsmitgliedern sind ebenfalls ihr Spielfeld.

Die Veröffentlichung von Jahresabschluss, Gewinn- und Verlustrechnung sowie anderen Kennzahlen ist teilweise eine gesetzliche Verpflichtung, die aus meiner Sicht auch für die Forschung und Wissenschaft bestehen sollte. Für viele Aufsichtsräte ist auch selbstverständlich sich einer jährlichen Effizienzprüfung zu unterziehen, die teilweise extern begleitet wird. Da werden z.B. die Qualität der Unterlagen, die Information durch den Vorstand und der Ablauf Sitzungen sowie die Teilnahme der Aufsichtsratsmitglieder kritisch geprüft, bewertet und ggf. Änderungen vorgenommen.

Diskussion

Koch zur Frage zum Verhältnis von Partizipation und Mitbestimmung: Partizipation sollte man außerhalb der Mitbestimmung verankern. Das Problem bei ihr ist der (nicht) gleichberechtigte Umgang zwischen den Teilnehmern und ihr informeller Charakter. Partizipation ist gut, darf aber keinesfalls die Mitbestimmung auf gleicher Augenhöhe aushebeln.

Koch zum Unterschied zwischen wissenschaftlichen und wirtschaftlichen Unternehmen: Es gibt auch bei den Unis eine wirtschaftliche Macht (Haushalts- und Budgetvorgaben, Verteilung des Haushalts, etc.), davor darf man nicht die Augen verschließen. Einen ähnlichen Unterschied gibt es ja auch zwischen wirtschaftlichen und öffentlichen Unternehmen.

Ein Beispiel: bei allen vier Berliner Betrieben funktioniert die paritätische Mitbestimmung[57]. Eine Drittelbeteiligung kann in öffentlichen Betrieben gut funktionieren. Die Rechtsform darf für die Beteiligung von Arbeitnehmern nicht entscheidend sein. Entscheidend ist die Qualität der Beteiligung. Arbeitnehmerbeteiligung heißt, die „Arbeitnehmerbank“ besteht aus drei Teilen von Arbeitnehmervertretern, den leitenden Angestellten, den tariflich Beschäftigten und externen Gewerkschaftsvertretern. In einer Wissenschaftseinrichtung könnten Leitende Angestellte auch die Professoren sein. Mitglieder der „Anteilseignerbank“ sind die Vertreter, die finanzieren. D. h. hier müssen Land und Bund vertreten sein.

---

[57] www.bsr.de/assets/downloads/BerlBG_060731.pdf

Frage zum Hochschulbeirat: Koch hat Probleme damit. Man könnte hier auch von einem Alibibeirat sprechen. Wichtig ist, dass in einem Beirat kompetente Leute sitzen. Externer Sachverstand ist wichtig, wie z. B. Branchenkenntnisse, regionale Kenntnisse, Fachkompetenz.

Beiräte sind oftmals Partizipationsgremien, die nichts zu sagen haben. Man braucht aber Augenhöhe, um mitdiskutieren zu können. In Baden-Württemberg sollte jetzt der politische Anspruch der Regierung umgesetzt werden.

Entgegnung: Beratung muss nicht auf Augenhöhe erfolgen. Besitzen die Mitglieder Autorität und Kompetenz (beides!), müsste ein Präsidium Anregungen eines Beirats dankbar aufgreifen. Allerdings kann ein Hochschulbeirat keine Aufsicht führen. Dafür müsste es ein zusätzliches Gremium geben. Ein Problem könnte sein, dass für eine reine Beratungstätigkeit keine hochkarätigen Mitglieder gefunden werden. Das spricht dann wieder eher für einen Aufsicht führenden Aufsichtsrat mit Entscheidungskompetenzen, in dem dann auf jeden Fall Arbeitnehmer mit einem gewichtigen Anteil vertreten sein müssen.

3. Demokratie in einer Wissenschaftseinrichtung

- Der Staat zieht sich mehr zurück.
- Das Präsidium wird gestärkt.
- Der Einfluss der Wirtschaft wird größer.
- Interessenvertreter für gute Arbeitsbedingungen fehlen.
- Wie sieht die Rückkopplung mit den Beschäftigten aus?

Autonomie ohne Autokratie - Demokratie in einer Wissenschaftseinrichtung

Andreas Keller

Wie gelingt die Demokratisierung einer Wissenschaftseinrichtung, ohne dass man die Wissenschaftsfreiheit einschränkt, sondern ausbaut? Hierfür gibt es historische Gründe:

Traditionelle Gründe für Mitbestimmung in der Wissenschaft:

- Institutionelle Dimension der Wissenschaftsfreiheit: Akademische Selbstverwaltung – Grundrecht auf Wissenschaftsfreiheit
- Demokratisierung der Gesellschaft - in 70iger Jahren bedeutungsvoll für eine lebendige Gesellschaft, auch für die Hochschule und Forschung. Dies förderte die Mitbestimmung.
- Erhöhung der Rationalität von Entscheidungen - diejenigen, die Entscheidungen treffen, haben Begründungszwang

Neue Gründe für die Mitbestimmung in der Wissenschaft

- Voraussetzung für Autonomie auch in Haushalts- und Wirtschaftsangelegenheiten
- Kompensation des Verlusts an demokratischer Legitimation in Folge des Rückzugs des Staates
- Erhöhung der Effizienz von Entscheidungen - Entscheidungen werden nicht nur rationaler, sondern effizienter, wenn möglichst viele Institutionen/Betroffene beteiligt werden. Hierfür ist der Bologna-Prozess ein gutes Beispiel: hätte man Lehrende und Studierende stärker beteiligt, wäre jetzt kein Kurswechsel nötig.
- Qualifizierte Qualitätssicherung
- Förderung von Innovations- und Wettbewerbsfähigkeit - vermeidet man top-down-Entscheidungen, werden Arbeitsplätze auch in der Forschung attraktiver. Attraktive Mitbestimmungsmöglichkeiten müssen in den Einrichtungen geboten werden. Lehrende, Studierende fühlen sich dann wohler, wenn sie an der Mitbestimmung beteiligt werden.
- Förderung der Corporate Identity

Schlussfolgerung: wir brauchen nicht weniger, sondern mehr Mitbestimmung. Und wir brauchen neue Dimensionen von Mitbestimmung.

Die alten Modelle der 70iger Jahre reichen möglicherweise nicht aus, um das Mehr an Mitbestimmung zu erreichen.

„Entfesselte", „deregulierte", „unternehmerische" Hochschule

Bei diesem Leitbild herrscht folgende Devise vor: Die staatliche Regulierung wird durch Autonomie ersetzt, gleichzeitig wird die Bürokratie der Gremien abgeschafft und die Autokratie des Vorstands gestärkt, die solide Mitbestimmung wird mehr zur informellen Beteiligung – das ist das Mainstreamprogramm für ein zukünftiges Leitbild der Mitbestimmung.

Staatliche Regulierung	→	Autonomie
Gremienbürokratie	→	Autokratie
Mitbestimmung	→	Beteiligung

„Demokratische und soziale" Hochschule

Die Gewerkschaften sagen: die staatliche Regulierung soll auch mehr hin zur Autonomie gehen, aber die Gremienbürokratie sollte hin zur Demokratisierung gehen, Mitbestimmung soll Mitbestimmung bleiben. Dies ist das Gegenprogramm und das Leitbild der Gewerkschaften.

Staatliche Regulierung	→	Autonomie
Gremienbürokratie	→	Demokratisierung
Mitbestimmung	→	Mitbestimmung

Das Konzept der GEW

Das Wissenschaftspolitische Programm der GEW (2009): „Wissenschaft demokratisieren, Hochschulen öffnen, Qualität von Forschung und Lehre entwickeln, Arbeits- und Studienbedingungen verbessern“ findet sich im Programmheft „Wir können auch anders!“[58], hier insbesondere die Kapitel 4, 5 und 12.

- „Hochschulautonomie stärken – staatliche und gesellschaftliche Verantwortung aktiv wahrnehmen“ (Kapitel 4)
- „Hochschulselbstverwaltung reformieren und demokratisieren“ (Kapitel 5)
- „Forschung als gesellschaftliche Aufgabe transparent gestalten“ (Kapitel 12)

Mehrdimensionale Mitbestimmungsstruktur

GEW ist für eine mehrdimensionale Mitbestimmungsstruktur, wie sie in Tabelle gegenübergestellt wird:

[58] http://www.gew.de/Das_wissenschaftspolitische_Programm_der_GEW.html

Akademische Selbstverwaltung	Mitgliedergruppen
Personalvertretung	Beschäftigte
verfasste Studierendenschaft	Studierende
Beauftragte	benachteiligte Gruppen
Kuratorien, Beiräte, Hochschulräte	gesellschaftliche Interessen
Aufsichtsorgane	Eigentümer, Beschäftigte, Gewerkschaften
Akkreditierung	Stakeholder
neue Beteiligungsformen	Hochschulmitglieder, Kooperationspartner

Paritätische Mitbestimmung in Aufsichtsorganen muss gelten, dies wurde in BaWü nicht umgesetzt, nur bestimmte Rosinen für die Arbeitgeber herausgepickt.

Partizipatives Management kann nur ein Teil einer ganzen Mitbestimmungsstruktur bzw. des Managements sein.

Reformvorschläge der GEW: Abbau staatlicher Regelungsdichte - unter folgenden Voraussetzungen:

- Wissenschaftspolitische Strukturverantwortung der demokratisch legitimierten Staatsorgane
- Transparenz, Rechenschaftslegung
- Wissenschaft in gesellschaftlicher Verantwortung
- Kuratorien: Clearingstelle Wissenschaft – Gesellschaft
- Autonomie ohne Autokratie

Die Zivilklausel ist ein sehr schönes Beispiel bzgl. Verantwortung von Wissenschaft gegenüber Gesellschaft, hier darf der Staat nicht eingreifen oder restriktieren.

Reformvorschläge Teil 2 – Kap. 5:

- Rationale Arbeitsteilung zwischen Leitungs- und Kollegialorganen (nicht jede Kleinigkeit muss in einem Gremium entschieden werden)
- Gruppenparitätische Mitbestimmung in allen nicht im engeren Sinne akademischen Angelegenheiten
- Weitergehende innovative Mitbestimmungsmodelle auf Basis von Experimentierklauseln
- Modellversuche: Urwahl der Hochschulleiterin/des Hochschulleiters (d.h. Direktwahl dieser Person)
- Ausbau der Rechte von Personalvertretungen
- Forschungseinrichtungen:
- Paritätische Beteiligung in Aufsichtsorganen
- Beteiligung Gewerkschaften in Programmbeiräten (in Analogie zur Mitbestimmung in der Privatwirtschaft)

Materielle Grundlagen formaler Mitbestimmungsrechte - Probleme:

Man muss auch über Voraussetzungen von Beschäftigten sprechen:

- Wissenschaftliche MitarbeiterInnen: 83 Prozent mit Zeitverträgen, davon 53 Prozent mit Laufzeiten von unter einem Jahr. Wie sollen diese Mitarbeiter mitbestimmen können? Bei Wahlperioden des Personalrats von 4 Jahren muss man Glück haben, gerade bei einer Wahl beschäftigt zu sein. Diese Mitarbeiter können auch nicht in einem Personalrat mitarbeiten, daher sind diese Mitarbeiter oftmals unterrepräsentiert.
- Studierende: Zwei Drittel auch während der Vorlesungszeit erwerbstätig, und dass im Zuge der Verdichtung des Studiums durch den Bologna-Prozesses d.h. z. B. Anwesenheitspflicht während Vorlesungszeit.

Gute Wissenschaft und gute Arbeit sind zwei Seiten einer Medaille (siehe das „Templiner Manifest“ der GEW)[59].

[59] http://www.gew.de/Templiner_Manifest.html

Antwort darauf: bessere Absicherung der wissenschaftlichen Mitarbeiter, mehr Dauerstellen, Anspruch auf Vertragsverlängerung, wenn befristete Mitarbeiter in Gremien mitarbeiten.

Studierende: Einführung von Sitzungsgeldern für Studierende, die verantwortlich Aufgaben wie z. B. im Fakultätsrat wahrnehmen.

Materielle Grundlagen formaler Mitbestimmungsrechte: Lösung

- Beschäftigte:
- Dauerstellen für Daueraufgaben, Mindeststandards für Zeitverträge
- Anspruch auf Verlängerung von Zeitverträgen bei Gremientätigkeit
- Berücksichtigung von Sitzungszeiten inkl. Vor- und Nachbereitung als Dienstzeiten
- Studierende:
- Kurswechsel im Bologna-Prozess
- Sitzungsgelder für Gremienmitglieder

Slogan der GEW: Autonomie ohne Autokratie, Innovation durch Partizipation.

Exkurs: Ein Beispiel für innovative Mitbestimmungsmodelle: Das „Berliner Wahlmodell"

- Hochschulurteil des Bundesverfassungsgerichts (1973): „a) Die Gruppe der Hochschullehrer muss homogen, d. h, nach Unterscheidungsmerkmalen zusammengesetzt sein, die sie gegen andere Gruppen eindeutig abgrenzen.
- b) Bei Entscheidungen, welche **unmittelbar** die **Lehre** betreffen, muss die Gruppe der Hochschullehrer der ihrer besonderen Stellung entsprechende maßgebende Einfluss verbleiben. Diesem Erfordernis wird genügt, wenn diese Gruppe über die **Hälfte der Stimmen** verfügt.
- c) Bei Entscheidungen, die **unmittelbar** Fragen der **Forschung** oder die Berufung der Hochschullehrer betreffen, muss der Gruppe der Hochschullehrer ein weitergehender, **ausschlaggebender Einfluss** vorbehalten bleiben.
- d) Bei allen Entscheidungen über Fragen von Forschung und Lehre ist eine undifferenzierte Beteiligung der Gruppe der nichtwissenschaftlichen Bediensteten auszuschließen."

Also: Aufhebung der Professorenmehrheit ...

... zulässig bei:

- Satzungsfragen und Wahlen
- Gremien*entscheidungen* z. B. über

- Evaluation der Lehre (§ 37 Abs. 1 HRG)
- „Neue Mitbestimmungstatbestände“ (Strukturplanung, Haushalt)
- Gremien, die *ausschließlich* derartige Entscheidungen treffen
- Gremien *ohne* Entscheidungsbefugnisse (Kommissionen)

„Berliner Wahlmodell“

- Viertelparitätische Entscheidung über Angelegenheiten, bei denen Forschung und Lehre nicht unmittelbar betroffen sind (Professoren, Wissenschaftliche Mitarbeiter, Verwaltung und Technik, Studierende jeweils zu einem Viertel vertreten)
- Zusätzliche Mitglieder der Professorengruppen , wenn Forschung und Lehre unmittelbar betroffen sind
- Integrierte Wahl des aus verfassungsrechtlichen Gründen erforderlichen „Professorenüberschusses“ durch alle Mitgliedergruppen

Viertelparität mit integrierter Wahl – 13 köpfiger Fakultätsrat:

Prof	Prof	Prof	Prof	Prof	Prof	Prof	Wiss	Wiss	AdTe	AdTe	Stud	Stud

---

Diskussion

Frage nach der Umsetzung von Besetzungen, bei denen die Professoren nicht immer die Mehrheit haben: In Berlin wurde es umgesetzt, und es funktioniert. Es gibt Vetorechte der Professoren bei bestimmten Themen. 5 Professoren werden von allen Gruppen gewählt, kommen aber nur zum Zug bei bestimmten wichtigen Entscheidungen für die Einrichtung.

Ironische Frage danach, warum Befristete bei strategischen Fragen ein Mitspracherecht haben sollten: Strukturell ist die Gruppe der befristet Beschäftigten eine der größten. Alles was sie einführen, wird der schnell nachfolgenden Generation nützen. Dazu gehört Idealismus.

Frage: Trotz zunehmender Autonomie herrscht ein Misstrauen der Politik gegenüber Hochschulen, gute Wissenschaft zu betreiben. Wie passt das zusammen? - Wir brauchen Freiräume in den Unis. Es gibt langsam den Konsens darüber, dass nicht alles über Wettbewerbe laufen kann und eine institutionelle Finanzierung extrem wichtig ist. Förderprogramme von

Staat und Wirtschaft sind keine Form der Autonomie! Sie verlagern die staatliche bzw. wirtschaftliche Abhängigkeit in die der Programmbeiräte und (nicht unabhängigen) Projektbegutachter.

Wege zu ausreichender Partizipation

Die Möglichkeiten der demokratischen Beteiligung und Mitbestimmung an den gemanagten Hochschulen[60]

Andres Friedrichsmeier

Zusammenfassung

Der Beitrag analysiert grundlegende strukturelle Probleme der verschiedenen Formen von Mitbestimmung an Hochschulen. Zu einer Krise der klassischen Mitbestimmung haben die Einführung neuer Steuerungsinstrumente und eine gesellschaftsweite Verschiebung der Vorstellungen in Bezug auf Produktivität und Rechtsförmigkeit geführt. Diese Veränderungen setzten allerdings auch positive Impulse für mehr demokratische Beteiligung. Der Beitrag versucht allgemeine Grundsätze zu identifizieren, entlang derer sich interessierte Akteure besonders erfolgversprechend für mehr demokratische Beteiligung einsetzen können, darunter die Vermeidung der Abgrenzung von Zuständigkeiten und die Verzahnung von verfasster Mitbestimmung und direkter Beteiligungsmöglichkeiten. Veranschaulicht werden diese abstrakten Grundsätze anhand der Reformvorschläge „Mitbestimmungskonferenz“ und „Participation Mainstreaming“.

Ausgangspunkt: Die Krise der klassischen Mitbestimmung

Es gibt vielfältige Formen von Partizipation an deutschen Hochschulen. Einige davon befinden sich definitiv in der Krise. Dies gilt beispielsweise für die Personalvertretungen an den deutschen Hochschulen. Wer sich umhört, wird zwar auch zahlreiche Personalräte finden, die stabil und produktiv funktionieren. Was man von etlichen anderen in Erfahrung bringt, erinnert aber eher an die Situation im nachrevolutionären Tunesien: Obwohl substanzielle Verbesserungen erkämpft wurden und werden, suchen die Jungen und gut Ausgebildeten anderswo ihr Glück. Hochqualifizierter Nachwuchs, der sich vor Ort für demokratische Strukturen engagiert, ist Mangelware. Dieser Mangel betrifft weniger temporäre studentische Mobilisierung, zuletzt etwa die Bologna-Proteste, wohl aber – ohne dass hierzu aufschlussreiche Zahlen vorlägen –verschiedene Mitbestimmungsorgane an den Hochschulen.

---

[60] Dieser Beitrag geht auf einen Vortrag des Autors im Rahmen der Tagung Autonomie und Demokratische Wissenschaftseinrichtung am 20. 6. 2011 in Karlsruhe am KIT zurück und baut auf den Beitrag Friedrichsmeier/Wannöffel 2010 auf.

Ein offensichtliches Imageproblem hat beispielsweise auch die akademische Selbstverwaltung. Ihre Kompetenzen wurden in den letzten beiden Jahrzehnten von den meisten Landesgesetzgebern rigoros zusammengestrichen. Nach verbreiteter Auffassung zu Recht, denn vormals seien „Sachaspekte in den Gremien teilweise zu stark unter dem Kompromissdruck der hochschulpolitischen Gruppen“[61] geraten. Mit anderen Worten, die Mitbestimmungsgremien gelten als zu unbeweglich. Vetopositionen, mit denen die akademischen Gremien Schritte der jüngeren Hochschulreform hätten blockieren können, wurden deshalb auf breiter Front geschliffen.[62]

Dieser Abwärtstrend der klassischen Mitbestimmung ist nicht unumkehrbar, wie einige jüngere Beispiele zeigen: Die grün-rote Landesregierung in Baden-Württemberg hat in ihrem Koalitionsvertrag die Wiedereinführung der (1977 abgeschafften) Verfassten Studierendenschaft vereinbart.[63] Nicht lange davor beschloss die rot-grüne Regierung in NRW eine umfassende Wiederaufwertung der Personalvertretung an Hochschulen, die inzwischen auch schon teilweise umgesetzt ist.[64] Allerdings bedarf die klassische Mitbestimmung nicht nur verrechtlichter, also formal und ‚de jure‘ verankerter Möglichkeiten. Sie benötigt auch eine gelebte Verankerung bei denen, um deren Mitbestimmung es schließlich geht.

Dass es um diese Verankerung nicht gut bestellt ist, geht aus jüngeren Befragungen der wissenschaftlichen Mitarbeiter deutlich hervor. Nicht nur, dass sich die wissenschaftlichen Mitarbeiter von ihren Personalräten kaum vertreten fühlen, es ist sogar so, dass sie sogar die eigene Beteiligung negativ bewerten: In einer ver.di-Studie zum wissenschaftlichen Nachwuchs mit etwa 1 000 Befragungsteilnehmenden wurden nur zwei von 20 abgefragten Aspekten der wissenschaftlichen Arbeit überwiegend als demotivierend benannt: die übliche Befristung der Stellen und ferner die Mitwirkung an der Selbstverwaltung.[65] Letzteres ist zweifellos bemerkenswert, denn erstens sind Mitsprachemöglichkeiten nach sozialpsychologischen Erkenntnissen klar motivationsförderlich[66] und zweitens steckt real nur eine Minderheit der Mitarbeiter Arbeit in die Selbstverwaltung – letzteres zudem ‚de jure‘ auf freiwilliger Basis.

Warum also behaupten die befragten wissenschaftlichen Mitarbeiter dennoch, durch Selbstverwaltung demotiviert zu werden? Eine Teilerklärung

---

61 Breitbach 2009

62 Vgl. Übersichtsdarstellung in Friedrichsmeier/Wannöffel 2010: 27-35

63 Bündnis 90-Die Grünen/SPD Baden-Württemberg 2011: 12

64 NRWSPD/Bündnis 90-Die Grünen 2010: 14

65 Grühn et al. 2009: 55-58, 40

66 Bierhoff 2006: 162-163

bietet eventuell der Blick darauf, in welcher Form diese Mitarbeiter typischer Weise mit ihrem Personalrat, Fachbereichsrat o. ä. in Berührung kommen. Nur von anekdotischer Evidenz, sicherlich aber nicht untypisch sind die folgenden beiden Beispiele: Mitarbeiterin A bekommt vom zuständigen Professor kurz nach dem Einstellungsgespräch Folgendes erklärt: „Wenn jetzt nicht noch der Personalrat auf die Idee kommt, die Dinge unnötig zu verzögern, können Sie hier am 1. Januar anfangen." Im zweiten Beispiel hat Mitarbeiter B – ohne Bezahlung – das Konzept für ein aus Studiengebühren zu finanzierendes Lehrprojekt erarbeitet. In diesem Projekt ist ihm eine befristete Stelle in Aussicht gestellt. Von den Professoren, die als Antragsteller des Projekts auftreten, erfährt Mitarbeiter B: „Jetzt müssen wir noch hoffen, dass die Gremien alles rechtzeitig durchwinken und nicht noch irgendwie Ärger machen." Zweifellos machen viele andere Mitarbeiter ganz andere und positive Erfahrungen mit jenen Gremien, die ihre Interessen vertreten. Selten scheint es allerdings auch nicht zu sein, dass die Gremien in der von vielen Mitarbeitern erlebten Arbeitswelt ihren Auftritt eher in der Rolle einer launenhaften Verhinderungsinstanz oder als mysteriöser Ort von bürokratischer Umstandskrämerei haben.

Argumentation und Vorgehen

Diese Problemlage detaillierter zu untersuchen, ist eine Aufgabe für weitere Studien. Sie zu verbessern, ist eine Aufgabe für die Engagierten vor Ort. Beides leistet der vorliegende Beitrag nicht; er verzichtet sogar weitgehend darauf, die behauptete Mitbestimmungskrise umfassend nachzuweisen. Stattdessen wird ihre Existenz vorausgesetzt. Berücksichtigt werden zudem nur sehr wenige und allgemeine Aspekte dieser Krise. Die auf dieser Grundlage entwickelten Argumente sind deshalb nur dort stichhaltig, wo die im Folgenden analysierten Probleme auch tatsächlich auftreten – und das tun sie von Hochschule zu Hochschule und von Beteiligungsform zu Beteiligungsform in unterschiedlichem Maße.

Ziel meines Beitrags sind theoretisch fundierte Aussagen dazu, auf welchen grundsätzlichen Wegen man sich besonders erfolgversprechend für mehr demokratische Beteiligung einsetzen könnte. Dazu beziehe ich sehr grundsätzliche und abstrakt-strukturelle Betrachtungen analytisch aufeinander. Entsprechend abstrakt sind auch die auf diesem Weg abgeleiteten Aussagen. Ich veranschauliche sie am Ende des Beitrags anhand von zwei Vorschlägen, die aus der gemeinsamen Diskussion mit Manfred Wannöffel erwachsen sind.[67] Es handelt sich aber keinesfalls um Hand-

---

[67] Vgl. Friedrichsmeier/Wannöffel 2010

lungsempfehlungen, die sich an vielen Hochschulen direkt umsetzen ließen – nicht zuletzt, da die Position der Mitbestimmungsorgane vielerorts längst zu sehr geschwächt ist oder da sie nur noch defensiv agieren. Die Vorschläge sind eher als eine theoretisch-konzeptionell abgeleitete Anregung zu verstehen.

Für die Analyse der Mitbestimmungssituation skizziere ich im Folgenden zunächst die Herausbildung von Partizipationsformen in historischer Perspektive. Die begriffliche Sortierung der verschiedenen Formen mündet in einen kritischen Blick auf deren problematische sozialstrukturelle Fundierung. Ebenfalls aus der historischen Perspektive leite ich ab, inwiefern die verfasste Mitbestimmung mit dem bürokratischen Organisationsmodell verknüpft ist und deshalb unter Druck gerät. Im Anschluss diskutiere ich die Herausforderungen, aber auch die neuen Partizipationsmöglichkeiten, die sich über die Einführung neuer Steuerungsinstrumente ergeben haben. Auf der Suche nach Ansätzen für eine Ausweitung der demokratischen Beteiligungsmöglichkeiten streife ich schließlich noch die Konzepte „Wissensgesellschaft“ und „Adhocracy“.

Die Herausbildung der Demokratie an den Hochschulen

Die Grundkonstellation: Nebeneinander eines egalitären und eines feudalen Prinzips

Die Frage nach Mitbestimmung und Partizipation ist eine Frage nach Macht. Wer nach den Beteiligungsmöglichkeiten in einer Organisation fragt, fragt auch danach, wessen Interessen berücksichtigt werden müssen, wessen Ansichten als berücksichtigenswert anerkannt werden und wer Einfluss nehmen darf. Für Hochschulen ist charakteristisch, dass die Beteiligten einander einerseits unter einem hohen Gleichwertigkeitsanspruch begegnen. Andererseits und parallel dazu begegnen sie sich aber auch unter einem ausgeprägten Ungleichwertigkeitsanspruch. Auf eine gewisse Weise sprechen sich Hochschulmitglieder also gegenseitig eine gewisse Gleichwertigkeit zu, während sie sich gleichzeitig auf eine andere Weise diese Gleichwertigkeit absprechen.

Diese paradoxe Situation ergibt sich aus der besonderen Aufgabe, die Hochschulen in der Gesellschaft erfüllen: Sie sollen Ort der Pflege eines besonderen Wissens sein. Wenn ein besonderes Wissen gepflegt werden soll, kann eine Hochschule, logisch betrachtet, kein Ort sein, der jede Form des Wissens als gleichberechtigt anerkennt. Das besondere Wissen an den Hochschulen würde nicht gepflegt, wenn es jederzeit gegen irgendeine andere Form des realen oder angeblichen Wissens austauschbar wäre. Der Wissensbestand, der in einer Fachdiskussion unter den hauptberuflichen Wissenschaftlern aufbewahrt ist, hat notwendig eine höhere Autorität. Die spontane Meinung eines Studienanfängers, eines hochschulexternen Praktikers oder einer Glaubensdoktrin hat eine notwendig niedrigere Autorität. Da nicht doktrinär festgelegt wird, was das richtige und zu pflegende Wissen ist, identifiziert man es an Hochschulen über die Besonderung einer speziellen Gruppe der Wissensträger. Dies sind an allen Hochschulen die Professoren.[68] Bis in die 1960er Jahre waren *Ordinarien* solche Professoren, die ihrer Hochschule die zentrale Autorität für das von ihnen vertretene Lehrgebiet in Anspruch nehmen durften und denen ggf. andere Professoren untergeordnet waren. Die Ordinarien waren, bildlich gesprochen, feudale Lehnsherren für das von ihnen repräsentierte Wissensgebiet, traditionell abgegrenzt als *Institut*. Ab Mitte des 17. Jahrhunderts beanspruchten diese Ordinarien zunehmend das Monopol auf sämtliche Selbstverwaltungsrechte ihrer Universitäten.[69]

Parallel dazu ist an Hochschulen aber auch ein umfassender Gleichwertigkeitsanspruch verankert, der sich auf das Wissen-Können bezieht: Potenziell soll jeder Student ein Argument vorbringen können, dass die Ausführungen seines Professors widerlegt. Zählen soll die Wahrheit, nicht der Status.[70] Diesen Gleichwertigkeitsanspruch führt die Universität im Namen, der bekanntlich die Kurzform des lateinischen *„universitas magistrorum et scholarium“* ist, also die „Gemeinschaft der Lehrenden und Lernenden“. Dieser Gleichwertigkeitsanspruch hat durchaus materielle Konsequenzen, ablesbar z. B. bereits anhand der Geschichte der ältesten europäischen Hochschule, Bologna. Mehr als ein Jahrhundert lang wurden dort die Organisationsentscheidungen und damit auch die Herausbildung des Universitätsmodells maßgeblich von den Studierenden kontrolliert, und zwar über zumindest äußerlich demokratisch strukturierte Ver-

---

[68] Wissen wird wesentlich darüber identifiziert und greifbar gemacht, indem man es Autoren zuordnet, die es autorisieren (vgl. Foucault 1997). Insofern wird das besondere Wissen über besondere Träger des Wissens identifiziert. Deshalb liegt es nahe, für die Aufgabe der Pflege des besonderen Wissens den besonderen Wissensträgern eine besondere Verantwortung zuzuschreiben. Dies sind traditionell die Lehrenden oder spezieller die Professorenschaft einer Universität. Vgl. desweiteren Bundesverfassungsgericht 1974: 79-170.

[69] Keller 2000: 40-41

[70] Wenn sich Menschen an einer Hochschule als „Lehrende“ auf der einen und „Studierende“ auf der anderen Seite begegnen, ist darin also bereits die Anerkennung eines grundlegenden Unterschieds angelegt, aber parallel dazu auch die Anerkennung einer grundlegenden Gleichwertigkeit auf der Ebene des Gewichts des besseren Arguments und der Ebene des (zukünftigen) Wissen-Könnens. Eine in Hochschulgremien beobachtbare Folge ist, dass die Professoren viel eher den Studierenden das Potenzial zu wichtigen Anregungen zubilligen als dem Personal aus Verwaltung und Technik, obwohl Letzteres oft hauptberuflich und langjährig an der Hochschule tätig ist; vgl. Friedrichsmeier 2009: 323-325.

fahren.[71] Der Zwiespalt zwischen dem Gleichwertigkeitsanspruch der universitas – historisch mit dem Modell Bologna verknüpft – und der Autorität der Lehrenden – historisch gesehen das Modell der Pariser Universität und das der Ordinarienhochschule des 17. bis 19. Jahrhunderts – prägt die Mitbestimmungskultur bis heute. Ein Effekt davon ist, dass die Beschneidung ihrer formalen Kompetenzen nicht in jedem Fall dazu führt, dass diese Gremien auch faktisch weniger beteiligt werden. Auf der Ebene von Fakultäten wird verschiedentlich beobachtet, dass Dekane ihre Fakultätsräte auch dann weiter konsultieren, wenn sie dies nach einer Gesetzesänderung eigentlich nicht mehr müssen.[72] Die Organisationsforschung benennt als einen Grund die Kollegialitätsnorm, die sich maßgeblich über die Professorenmehrheiten umsetzt. Insbesondere die Mitarbeiter aus Technik und Verwaltung partizipieren nicht automatisch an diesem Gleichwertigkeitsanspruch. Wer ihre Einbeziehung erweitern will, sollte herauszuarbeiten, dass auch diese Gruppe eine relevante Rolle für die Pflege von Wissen an einer Hochschule spielt.

Der Gleichwertigkeitsanspruch basiert auf der Idee des Vorrangs des besseren Arguments. In hochschulinternen Auseinandersetzungen billigen die machtüberlegenen Gruppen den durchsetzungsschwächeren deshalb oft genügend Raum zu, um alle relevanten Argumente zur Sprache bringen zu können. Diese Grundhaltung kann dazu beitragen, dass Hochschulgremien in Einzelfragen dazu tendieren, die Zustimmung aller Beteiligten zu suchen. Das Konsensprinzip spielt also tendenziell eine größere Rolle als z. B. in einem kommunalen Stadtrat. Dieser hochschultypische Gleichwertigkeitsanspruch kongruiert aber nicht mit der politischen Sichtweise, dass es unterschiedliche Interessenlagen gibt, zwischen denen ein Ausgleich angestrebt werden solle. Politische Prinzipien wie „*Checks and Balances*“ oder das Prinzips des Chancenausgleichs sind an den Hochschulen weniger stark verankert als im politischen System. Durchsetzungsschwächeren Gruppen fällt es in der Regel schwer, solche politischen Prinzipien zu ihren Gunsten geltend zu machen.

Überhaupt müssen die Vertreter der nicht-professoralen Gruppen in Gremien regelmäßig hart dafür arbeiten, dort überhaupt ernst genommen zu werden. Ihre Sprecherposition als Vertreter ihrer Gruppe wird nämlich nicht automatisch anerkannt, zumindest wenn ein von Pasternack identifiziertes Rollenmissverständnis ins Spiel kommt: „Indem [die Professoren]

---

[71] Dieses Modell wurde typenbildend für zahlreiche der später gegründeten Hochschulen, während sich in Paris der Typus einer vom Lehrkörper dominierten Hochschule durchsetzte, welcher wiederum insbesondere den deutschen Raum prägend wurde; Cobban 1975: 48-67

[72] Lanzendorf 2006: 36-39, Clark 1983: 75-106

ihr Fach repräsentieren, repräsentieren sie vorgeblich auch die Anliegen der dortigen wissenschaftlichen und sonstigen Mitarbeiter/innen, der Studierenden und der auswärtigen Interessierten“.[73]

Von der direkten Selbstverwaltung zur indirekten Beteiligung in der Gruppenhochschule

Zu den Hochzeiten der Ordinarien haben diese die von ihnen monopolisierte Selbstverwaltung direkt und ohne Repräsentationsverfahren ausgeübt. „Fakultät“ bzw. der „(erweiterte) Senat“ waren Bezeichnungen für Vollversammlungen der Ordinarien. Ich diskutiere an späterer Stelle, ob die Vorliebe für direkte Mitbestimmung ohne den Umweg der Wahl von Stellvertretern wissenschaftstypisch ist. Dieses Modell stieß, spätestens mit dem staatlich finanzierten Ausbau des Hochschulbereichs im 20. Jahrhundert, zunehmend an Größenbeschränkungen. Je größer die Hochschulen wurden, desto schwieriger wurde es, auf den Vollversammlungen der Ordinarien zu Entscheidungen zu kommen. Zusätzlich forderte die zunehmende Zahl von Professoren an einer Hochschule den fachlichen Alleinvertretungsanspruch der Ordinarien heraus. Ferner ließ sich immer schlechter ignorieren, dass die Zahl der wissenschaftlichen und sonstigen Mitarbeiter noch sehr viel schneller gewachsen war. Der staatliche Ausbau des Hochschulbereichs hat also einerseits das Ende direkter Demokratie auf Seiten der Professoren erzwungen, andererseits die (Wieder-) Einbeziehung der nicht-professoralen Hochschulmitglieder.

Die heutige Selbstverwaltung ist das Resultat eines sozialen Kompromisses zwischen den weitergehenden demokratischen Forderungen einer Reformbewegung der 1960er und 70er Jahre und Besitzstandsinteressen der Ordinarien, bzw. den hochrangigen Lehrstuhlinhabern. Der Kompromiss wird als *Gruppenhochschule* bezeichnet.[74] Es handelt sich um eine „ständisch gebrochene demokratische Verfassung der Hochschule“.[75] In der Gruppenhochschule werden die Mitglieder in die Stände bzw. *Gruppen* Studierende, Professoren, wissenschaftliche und sonstige Mitarbeiter eingeteilt. Diese Gruppen entsenden getrennt Vertreter in gesetzlich vorgesehene und jeweils professoral dominierte Selbstverwaltungsgremien wie den Senat. Parallel zu dieser, ursprünglich über die Hochschulgesetze fixierten Struktur, der *akademischen* Selbstverwaltung, haben alle Gruppen parallele Vertretungsorgane, die nur sie als Gruppe betreffen. Für die Mitarbeiter ist dies der Personalrat – in einigen Bundesländern

[73] Pasternack 2006a: 158

[74] Keller 2000: 155-182; eine ähnliche Entwicklung gab es auch in anderen europäischen Staaten, Groof et al. 1998: 5-6

[75] Pasternack 2006a: 158

nach wissenschaftlichem und nicht wissenschaftlichem Personalrat getrennt und z. T. einschließlich der Professoren. Für die Studierenden ist dies die verfasste Studierendenschaft (ASten). Für die Professoren kommen faktische, aber nicht formal so verfasste Repräsentationsorgane wie die Rektorenkonferenzen, Hochschullehrerversammlungen u. ä. hinzu. Es gibt also eine doppelte formale Vertretung der Mitarbeiter einerseits über den Personalrat und andererseits über die akademischen Selbstverwaltungsgremien. Analog findet die Vertretung der Studierenden über ASten/Fachschaftsräte auf der einen und die studentischen Senats-/Fakultätsratsmitglieder auf der anderen Seite statt.[76]

Diese Grundstruktur besteht bis heute fort, sie wird allerdings von der Hochschulpolitik zunehmend zur Disposition gestellt. Ein Ausdruck davon ist das brandenburgische Hochschulgesetz von 2008, das als erstes Landeshochschulgesetz den Hochschulen nicht mehr die Bildung eines Senats vorschreibt. Der Staat, der jahrzehntelang sowohl den Hochschulausbau als auch die grundlegenden Mitbestimmungsstrukturen verantwortet hatte, scheint diese Verantwortung zunehmend mit anderen teilen zu wollen. Ein Ausdruck davon ist die (in diesem Beitrag nicht weiter diskutierte) Einrichtung von Hochschulräten und Kuratorien, in denen Prominente und Repräsentanten gesellschaftlicher Gruppen Kompetenzen wahrnehmen, die vormals beim Staat oder bei den akademischen Selbstverwaltungsgremien langen.

Anschaulich wird dieser Verlust der Akzeptanz von Mitbestimmungsgremien an Hochschulen, wenn der Stifterverband, immerhin eine Wissenschaftsorganisationen, Hochschulgesetze einem „Benchmarking" unterzieht und dabei die Kompetenzen der Hochschulsenate bewertet: Wenn das demokratische Gremium in vielen Fällen zuständig ist, sei dies „worst law", „best law" hingegen, wenn Hochschulleitungen allein entscheiden können.[77]

Selbstverwaltung, Wissenschaftsfreiheit und Hochschulautonomie

Der Begriff der „Selbstverwaltung" ist in der hochschulpolitischen Debatte etwas in Misskredit geraten, obwohl er eigentlich in enger Beziehung zum positiver besetzten Begriff der „Hochschulautonomie" steht. Ein Selbstverwaltungsrecht haben z. B. die politisch autonomen Städte und Kom-

[76] Anders als etwa in Österreich oder der Schweiz, wo die Organe der Studierendenvertretung z. T. unmittelbar an der akademischen Selbstverwaltung beteiligt sind. An ostdeutschen Hochschulen umgehen die studierenden die Doppelstruktur teilweise in Form von Studierendenräten.

[77] Stifterverband für die Deutsche Wissenschaft 2002: 19-20, analog Stifterverband für die Deutsche Wissenschaft et al. 2008: 16

munen in Deutschland. Ganz analog dazu haben auch Hochschulen schon immer Autonomie beansprucht und historisch sogar phasenweise eine eigene Rechtshoheit ausgeübt. Dieses Selbstverwaltungsrecht der Hochschulen ist, genau wie das der Städte und Kommunen, verfassungsrechtlich abgesichert, und zwar im Fall der Hochschulen über die Wissenschaftsfreiheit (Art. 5 Abs. 3). Der Autonomieanspruch ist also über die Wissenschaft begründet. Bereits in der Bezeichnung „universitas" ist unmittelbar zum Ausdruck gebracht, dass es sich um eine sich selbst verwaltende Gemeinschaft handeln soll. „Selbstverwaltung" meint, juristisch gesehen, eine eigenverantwortliche Gestaltung durch die Betroffenen. Der Begriff legt also nahe, dass viele Personen beteiligt werden sollten. „Selbstverwaltung" meint also ursprünglich nicht anderes als die Wahrnehmung von „Hochschulautonomie".

Das Umgekehrte gilt allerdings nicht. „Autonomie" ist nämlich ein Begriff, den man auch auf einzelne Individuen anwendet. Ein autonomes Individuum steht, so unsere prägende Vorstellung, unter einem einheitlichen Kommando, seinem eigenen, und ist genau deshalb unmittelbar entscheidungsfähig. Diese Eigenschaften, die man mit einem autonomen Individuum assoziiert, weist eine selbstverwaltete Gemeinschaft nicht unbedingt auf: In Letzterer ist das Kommando potenziell vielstimmig und Angelegenheiten werden eher gemeinsam geregelt als schnell entschieden. Wer „autonome Hochschulen" fordert, denkt also nicht unbedingt an sich selbst verwaltende Hochschulen, sondern eventuell an ein einheitliches Kommando und unmittelbare Entscheidungsfähigkeit – so wie bei einer Einzelperson. Dieses Verständnis liegt jedenfalls aktuell im Trend. Glaubt man verschiedenen Hochschulforschern, wird zunehmend erwartet, dass Hochschulen so auftreten, als handele es sich bei ihnen um einen einheitlichen Akteur.[78] Diskutiert wird dies unter den etwas missverständlichen Stichwörtern „Organisationswerdung" und „Organizational Normalization".

Hochschulen sind selbstverständlich kein einheitlicher Akteur, dies zu unterstellen wäre naiv. Mit „Organisationswerdung" ist also eher gemeint, dass die aktuellen Veränderungen im Hochschulbereich dadurch charakterisierbar sind, dass man sich um solch ein Bild nach außen bemüht. Es soll also so aussehen, als könnten die Hochschulen handeln wie ein menschlicher Akteur. Zu diesem Zweck konzentriert man z. B. die formale und nach außen sichtbare Entscheidungsgewalt in den Händen eines einzelnen oder weniger Menschen, etwa in den Händen des Präsidenten

[78] Z. B. Krücken et al. 2009; Schimank/Meyer 2010

oder Rektorat.[79] Noch größere Ähnlichkeiten mit einem autonom handlungsfähigen Individuum hat eine Hochschule – wiederum oberflächlich betrachtet –, wenn von ihrer Spitze besonders auffällige Entscheidungen ausgehen. Am prägnantesten sind Entscheidungen, die gegen ein Widerstreben der Wissenschaftlergemeinschaft durchgesetzt werden, also dann, wenn man die Wissenschaftler nicht einfach machen lässt, was sie sowieso tun wollten. Gegen die vielfältige Wissenschaftlergemeinde durchgesetzte Entscheidungen heben die Handlungsfähigkeit der Spitze heraus, denn sie signalisieren Dominanz anstelle von Repräsentanz. Das konterkariert die Idee der Wissenschaftsfreiheit. Es reflektiert aber, dass die Wissenschaftlergemeinde typischer Weise nicht mit Handlungsfähigkeit in Verbindung gebracht wird, etwa weil unter ihr „faktische Nichtangriffspakte“[80] bestünden – beispielsweise die oben genannte Konsensorientierung. An diesem Punkt gelangen wir wieder zu dem eingangs behaupteten Imageproblem der akademischen Selbstverwaltung, zitiert hatte ich dort den Kanzler der Universität Gießen, der den „Kompromissdruck der hochschulpolitischen Gruppen“ als Ursache für die Entmachtung der Selbstverwaltung benannt hatte.

Kurz zusammengefasst

- begründet sich die traditionelle Forderung der Hochschulautonomie über Wissenschaftsfreiheit.
- Wissenschaftsfreiheit zielt auf von Wissenschaftlern eigenverantwortlich gestaltete Räume des Austausches und wurde ursprünglich als Impuls für Selbstverwaltung aufgefasst.
- Inzwischen trifft man regelmäßig auf ein anderes Verständnis von Autonomie. Dieses zielt auf die Konstruktion von handlungsfähigen Kollektivakteuren. Es ist nicht mehr unmittelbar aus der Wissenschaftsfreiheit ableitbar und hat auch sonst keine wissenschaftsspezifische Begründung.
- Dieses veränderte Verständnis von Hochschulautonomie kann in die Forderung nach weniger Selbstverwaltung münden, ganz im Gegensatz zum traditionellen Verständnis von Hochschulautonomie.
- Die beiden Verständnisweisen zu Hochschulautonomie unterscheiden sich in ihrer Auffassung von Organisation und Organisationsführung.

Ich werde deshalb in folgenden Abschnitten jene Verschiebung des Verständnisses von Organisation und Organisationsführung weiter diskutie-

---

[79] Interessanter Weise arbeiten viele der durch die jüngsten Reformen gestärkten Universitätspräsidien und Rektorate intern überwiegend wie ein Kollektivorgan, also mit einer nennenswerten Konsensorientierung und mit dem Rektor in der Rolle des primus inter pares.

[80] Schimank 2001: 233

ren, da ich davon ausgehe, dass diese Verschiebung mit der Krise der akademischen Selbstverwaltung zusammenhängt.

Mitbestimmung und Partizipation

Für die durchsetzungsschwächeren Hochschulmitglieder, insbesondere für die Gruppe der Mitarbeiter aus Technik und Verwaltung, stellt sich die Frage, wie sehr sie die Krise der akademischen Selbstverwaltung überhaupt tangiert. Schließlich werden die Selbstverwaltungsgremien nach wie vor von den Professoren dominiert und schließlich werden die Nicht-Akademiker dort regelmäßig aus dem diskutierten Gleichwertigkeitsanspruch ausgegrenzt. Ferner können Studierende oder Mitarbeiter aus Technik und Verwaltung alternativ auf andere Mitbestimmungsgremien setzen, denn die gegenwärtige Mitbestimmungsstruktur ist, wie oben beschrieben, eine Doppelstruktur. Neben der Mitwirkung an der akademischen Selbstverwaltung sind die Mitbestimmungsorgane „Personalrat" bzw. „Verfasste Studierendenschaft" (AStA) überwiegend gesetzlich vorgesehen. „Verfasst" meint rechtlich einklagbar, es handelt sich um Organe der verfassten Mitbestimmung. Verfasste Mitbestimmung ist also auch die – meist hochschulrechtlich verfasste – Selbstverwaltung, allerdings wird sie zumeist nicht unter diesem Titel geführt. Einer der Gründe ist, dass in Begriffen wie „Mitbestimmung" oder „Partizipation" bereits enthalten ist, dass man nur mitbestimmt und nicht bestimmt bzw. partizipiert und nicht regiert. Mit anderen Worten ist also bereits implizit anerkannt, dass man von andern dominiert werden darf. Für den Begriff der „Selbstverwaltung" gilt dies nicht, er ist also bedeutungsoffen für einen umfassenderen demokratischen Anspruch.[81] Wer sich „selbst verwaltet", akzeptiert nicht automatisch, dass die maßgebliche Macht in den Händen anderer liegt. „Mitbestimmung" hingegen tut dies implizit. Im Gegenzug lässt sich „Mitbestimmung" allerdings besser mit dem politischen Prinzip des Benachteiligungsausgleichs verbinden als die akademische Selbstverwaltung (vgl. oben).

Es gibt einen zweiten Grund, warum die akademische Selbstverwaltung auch für die demokratischen Anliegen auch der Nicht-Professoren interessant bleibt: Selbstverwaltungsrechte, die sich auf das Verfassungsrecht der Wissenschaftsfreiheit berufen können, setzen der sonstigen verfassten Mitbestimmung an Hochschulen Grenzen.

[81] Auch aus diesem Grund gibt es kommt es zu einem Umfang an Mitbestimmungsstrukturen, der im öffentlichen Dienst außerhalb der Hochschulen nicht anzutreffen ist.

Weitere Grenzen betreffen die von Betriebs- und Personalräten ausgeübte Mitbestimmung, wenn sie in den Bereich des öffentlichen Diensts fallen. Die Mitbestimmung ist im Vergleich zum Bereich der Privatwirtschaft eingeschränkt, u. a. da der öffentliche Dienst als ein Ausführungsorgan verstanden wird, dem die demokratisch legitimierten Landesparlamente Vorgaben machen können.[82] Die Mitbestimmungsrechte der Personalräte an den Hochschulen werden also durch die Prinzipien Wissenschaftsfreiheit und Parlamentshoheit begrenzt.[83] Formale Mitwirkungsrechte der Verfassten Studierendenschaft auf Organisationsentscheidungen der Hochschule finden sich sowieso nur sehr gering ausgeprägt.

Die klassische Mitbestimmungsforschung setzt einen Schwerpunkt auf gesetzlich vorgeschriebene Beteiligungsrechte, die die schwachen Mitgliedergruppen einer Organisation also notfalls auf dem Rechtsweg erzwingen können.[84] Mitbestimmungsrechte lassen sich nach ihrer Intensität differenzieren, etwa danach, ob ein Recht auf Information, Konsultation, Widerspruch oder Mitentscheidung besteht. Als „echte Mitbestimmungsrechte“[85] gelten dann üblicherweise Widerspruchsrechte und Mitentscheidung, während der Begriff „Partizipation“ i. d. R. für die Bezeichnung weicherer und schwächerer Beteiligungsformen verwendet wird. Genau genommen ist „Partizipation“ allerdings ein Oberbegriff für Beteiligungsformen, der noch nichts darüber aussagt, wer über welche Verfahren in welchem Grad an welchen Entscheidungsprozessen beteiligt wird. Im Gegensatz zu „Selbstverwaltung“ und „verfasster Mitbestimmung“ hat der Begriff der „Partizipation“ eine gewisse Konjunktur, die noch weiter zu diskutieren sein wird.

Während die akademische Selbstverwaltung, wie dargestellt, historisch mit den Anfängen der Universität verknüpft ist, stehen die Personalräte in einer außerhochschulischen Traditionslinie, nämlich des Kampfs um demokratische und soziale Bürgerrechte. Grundidee ist, dass ein Teil dieser Rechte auch dann unveräußerlich ist, wenn man sich einem Arbeitgeber über einen Arbeitsvertrag verpflichtet. In den öffentlichen Verwaltungen wurde das Modell der Personalräte erst Jahrzehnte nach der Einführung von Betriebsräten in der Privatwirtschaft aufgegriffen – jedenfalls, wenn

[82] Ausdruck davon ist das BVerfG-Urteil vom 24. 5. 1995 zum Schleswig-Holsteinischen Mitbestimmungsrecht, das eine Trendwende zum Abbau von Personalvertretungsrechten einleitete; Kossens 2002

[83] Dass auch die demokratische Einflussnahme auf Hochschulfragen über das Parlament in einer Krise steckt, greife ich späterer Stelle noch einmal auf.

[84] Müller-Jentsch 1997

[85] Müller-Jentsch 2006: 16

man nach entsprechenden Gremien sucht, die auch Beamte vertreten.[86] Die Kompetenzen der Personalräte wurden z. T. noch bis in die 1990er Jahre moderat ausgeweitet,[87] werden inzwischen aber überwiegend reduziert, in einzelnen Ländern sogar massiv.

Dagegen setzen sich insbesondere die DGB-Gewerkschaften ein, die allerdings selbst einen die Geschichte der Bundesrepublik kontinuierlich begleitender Rückgang des Organisationsgrads zu gegenwärtigen haben.[88] Um den Hochschulbereich bemühen sich die Gewerkschaften in jüngerer Zeit verstärkt, etwa mit dem Projekt „Campus der Zukunft“ (ver.di) oder dem „Templiner Manifest“ (GEW). Grundsätzlich ändert dies nichts an dem geringen gewerkschaftlichen Organisationsgrad.[89] Grundlegendes Problem für die Personalrats- wie auch für die Gewerkschaftsarbeit ist, dass Wissenschaft überwiegend in relativ kleinen Arbeitseinheiten stattfindet, bspw. an einem Lehrstuhl. Mit der Organisation kleiner Betriebs- und Arbeitseinheiten haben die Gewerkschaften besonders große Probleme, u. a. da die in Großbetrieben bewährte Betreuung in kleinen zu personalaufwändig wäre.[90] Zwar ist auch die Betriebsgröße einiger Hochschulen erheblich, aber an Hochschulen verteilen sich die Beschäftigten weiter auf die Fachbereiche, Institute usw., welche jeweils eigene Betriebsidentitäten ausbilden.

Neben der akademischen Selbstverwaltung steckt also auch die verfasste Mitbestimmung der Personalräte in einer Krise, aus der sie sich nicht ganz einfach herausführen lassen wird. Diese Krise reicht im Übrigen weit über die Hochschulen hinaus. So stellt etwa der Datenreport des Statistischen Bundesamts fest, dass ganz allgemein und gesellschaftsweit der „Grad politischer Integration bezogen auf die traditionellen, institutionalisierten Formen der Beteiligung in den vergangenen zwei Jahrzehnten

---

[86] Insbesondere durch das Bundespersonalvertretungsgesetz 1955. Die genannten Bruchlinien – Vertretung von Beamten, Konflikt mit der Wissenschaftsfreiheit und der Parlamentshoheit – sind noch heute in den Personalvertretungsgesetzen der Länder abzulesen.

[87] Kossens 2002: 99-100

[88] Mit Vereinigungsdelle; vgl. Statistisches Bundesamt 2008a: 395

[89] Ver.di benennt ihn inklusive der GEW-Mitglieder mit 6-8 % [Projektseite „Campus der Zukunft“, ausgerufen am 1. 8. 2011: http://biwifo.verdi.de/cdz/projekt]; plausibel sind allerdings auch deutlich niedrigere Zahlen für den hochschulischen Wissenschaftsbereich. Entscheidend ist, welche Personalgruppen in die Berechnung einbezogen werden.

[90] Vgl. Biebeler/Lesch 2006 oder bereits Willey 1971. In großen außeruniversitären Forschungseinrichtungen ist die gewerkschaftliche bzw. Betriebsratsarbeit deshalb tendenziell einfacher.

deutlich zurückgegangen ist."[91] Dies betrifft die Gewerkschaften, Kirchen, politische Wahlen und sogar inzwischen auch Sportvereine.

Hintergründe der Krise

Sozialstrukturelle Basis

Die heutigen Beschäftigten fühlen sich also tendenziell weniger aufgehoben in den repräsentativen Beteiligungsstrukturen. Ein Blick auf die Beschäftigungsstrukturen einer Hochschule offenbart soziale Gründe dafür. Einer davon liegt in der numerischen Repräsentation, die weit vom demokratischen Prinzip des *„one man, one vote*" abweicht. In den Selbstverwaltungsgremien mit Professorenmehrheit sind bekanntlich alle anderen Hochschulangehörigen unterrepräsentiert, Studierende sogar regelmäßig um den bemerkenswerten Faktor 100 oder sogar darüber. In einer Hochschule sind im statistischen Durchschnitt einhundert Professorinnen und Professoren beschäftigt und auf jeden Professor kommt die 53-fache Anzahl von Studierenden. Diese durchschnittliche Hochschule beherbergt ferner, je Professor, ein 6,8-faches an weiterem wissenschaftlichem und künstlerischem Personal. Von letzterem hat allerdings nicht mehr als 9,3 % eine unbefristete Vollzeitstelle. Rechnet man die Professoren ein, ergeben sich 18,5 % des wissenschaftlichen Personals, das auf unbefristeten Vollzeitstellen arbeitet – insgesamt also eine kleine Minderheit. Fast genauso zahlreich wie die nicht-professoralen Mitarbeiter sind die Mitarbeiter in Technik und Verwaltung. Auch von diesen arbeitet inzwischen nur noch eine knappe Minderheit von 47 % auf unbefristeten Vollzeitstellen. Für befristet Beschäftigte kommt eine Amtszeit im Senat oder in der Personalvertretung aufgrund der mehrjährigen Amtszeiten in diesen Gremien meist nicht infrage.[92] Sie werden dann gar nicht repräsentiert. Die schiefe Repräsentation durch Kollegen in besseren Beschäftigungsverhältnissen ist zusätzlich dadurch geschwächt, dass – wie oben angesprochen – die Anerkennung von Kompetenz an Hochschulen relativ eng mit dem akademischen Rang gekoppelt ist.

---

[91] Statistisches Bundesamt 2008a: 395

[92] Berechnet ohne Hochschulklinken nach Statistisches Bundesamt 2011c; 2011a; 2011d; jeweils ohne studentische Hilfskräfte. Der Anteil von Vollzeitstellen ist in der Medizin am höchsten, in den Kultur- und Gesellschaftswissenschaften ist er nur halb so groß. Eine Universität weist im Schnitt 2,3-mal mehr Professorinnen und Professoren und 5,8-mal mehr wissenschaftliche Mitarbeiterinnen und Mitarbeiter auf als eine Fachhochschule. Die Beschäftigungssituation ist also prekär, z. B. an der Universität Wuppertal hatten 65 % der befristet eingestellten wissenschaftlichen Mitarbeiter lediglich einen Arbeitsvertrag über ein bis 12 Monate und gerade 8 % einen Vertrag mit mehr als 24 Monaten Laufzeit; Müller 2009: 208.

Zahlenverhältnisse müssen nicht unbedingt ausschlaggebend sein: Gefragt werden muss, ob sich alle relevanten Gruppen nicht nur objektiv, sondern auch subjektiv über die Mitbestimmungsstrukturen vertreten fühlen. Fühlen sich z. B. die überwiegend teilzeitbeschäftigten Sekretärinnen beteiligt? Zur Situation des Hochschulpersonals im Bereich Technik und Verwaltung, insbesondere aber der Sekretärinnen, ist wenig bekannt,[93] diese Forschungslücke korrespondiert allerdings mit der geringen Beachtung, die die Leistungen dieser Beschäftigten in der aktuellen Diskussion über Hochschulreform spielen.

Das geringe Interesse des wissenschaftlichen Nachwuchses an der Arbeit der Interessenvertretung hängt damit zusammen, dass er seine gegenwärtige Lage als eine vorübergehende Passage erlebt, in der formale Regelungen rund um Arbeitsvertrag und -bedingungen von geringer Bedeutung sind. Wichtig für das eigene Fortkommen ist eher die Bindung an arrivierte Wissenschaftler, z. B. den direkten Vorgesetzten, der gleichzeitig Betreuer der eigenen Qualifizierungsarbeit ist und ohne dessen „Windschatten“[94] akademischer Erfolg wenig wahrscheinlich ist. Die Gewerkschaften haben auf diese Problematik mit der Forderung nach verlässlichen Karrierewegen geantwortet. Der dabei geforderte „Tenure Track“[95] für Wissenschaftlerinnen und Wissenschaftler hat auch eine demokratische Dimension, denn wer sich frühzeitig auf eine persönliche Zukunft in seiner Hochschule einstellen kann, kann sich auch früher dafür engagieren, diese demokratisch mitzugestalten. Unrealistisch ist aber, dass der Tenure Track die genannten Mitbestimmungsprobleme auflösen kann. Immerhin könnte theoretisch einen Trend umkehren, der die Basis der verfassten Mitbestimmung immer weiter ausgehöhlt hat: Die Steigerung der Zahl der wissenschaftlichen Beschäftigten zwischen 1995 und 2009 – sie beträgt 62 % bei den Fachhochschulen und immerhin 8,5 % bei den Hochschulen mit Promotionsrecht – vollzog sich zu 94 % durch die Schaffung von Teilzeitstellen.[96]

Ein großer Teil der Beschäftigten einer Hochschule wird also über die Strukturen der verfassten Mitbestimmung nicht gut repräsentiert. Dass dies letztlich auch materielle Konsequenzen hat, erkennt man u. a. daran, dass es zumeist dieselben Beschäftigtengruppen sind, die unter sich verschlechternden Bedingungen arbeiten müssen ohne dass dem eine entsprechende Bezahlung gegenübersteht. Beispiele dafür sind die Lehrbe-

---

[93] Wolter et al. 2009: 2

[94] Dörre/Neis 2008: 674, ausführl. Bourdieu 1992: 153-158

[95] Sehrbrock 2009; GEW 2009

[96] Einschl. nebenberuflicher Stellen berechnet nach Statistisches Bundesamt 2011b

auftragten und die Privatdozenten.[97] Eine weitere Gruppe sind die bundesweit 66 000 studentischen Hilfskräfte, die mit der Ausnahme Berlins in der Regel ohne Tarifvertrag arbeiten. Da sie meist jeweils nur kurz laufende Verträge haben und gering bezahlt sind, werden sie für Aufgaben eingesetzt, für die nicht genug hauptberufliches Verwaltungs- oder wissenschaftliches Personal vorhanden ist. Die Zahl dieser in den Haushalten traditionell als „Sachmittel" geführten Beschäftigtengruppe hat sich den letzten 15 Jahren verdoppelt, aber ihre Vertretung bleibt trotz einzelner gewerkschaftlicher Initiativen minimal.[98] Der Blick auf die sozialstrukturelle Basis der verfassten Mitbestimmung zeigt also erhebliche Vertretungslücken. Hinzu kommen aber weitere, noch grundsätzlichere Probleme, etwa aufgrund eines sich wandelnden Demokratieverständnisses.

Gewandeltes Demokratieverständnis und Output-Kennzahlen

Der klassischen parlamentarischen Demokratiekonzeption zufolge gibt es eine lückenlose *Legitimationskette,* die sich aus Art. 20 Abs. 1 und 2 sowie Art. 28 Abs. 1 GG ableiten lässt. Die demokratische Durchsetzung des Volkswillens besteht in diesem Modell darin, dass das Volk ein Parlament wählt, dieses eine Regierung, jene die Leitung der Behörden, diese wiederum Unterbehörden usw. Die demokratische Bestimmung erfolgt dann zwar nur über den Umweg vieler Kettenglieder, aber genau deshalb müssten die als Kettenglieder fungierenden Hierarchieebenen umso unvermittelter ihren Einfluss „top down" geltend machen können. Dieses Modell der demokratischen Bestimmung korrespondiert mit dem einer bürokratischen Verwaltung, in der alle Verantwortlichkeiten klar geregelt sind und in der übergeordnete Instanzen bestimmen können, was auf den untergeordneten Ebenen gemacht wird. Dieses Modell gerät in Konflikt mit jüngeren neoliberal geprägten Organisationsreformen,[99] die mit dem Modell einer langen bürokratischen Entscheidungskette brechen. Aber auch soziale Bewegungen der 1960er und 1970er Jahre haben dieses Demokratieverständnis kritisiert, denn die indirekte Repräsentation drücke letztlich Skepsis gegenüber den Repräsentierten aus, deren politische Forderungen über Legitimationskette gefiltert, gebremst oder gemäßigt würden. Die Forderung, subsidiäre Selbstverwaltung an den Hochschulen auszubauen („bottom up"), hängt mit dieser Kritik zusammen.

Es gibt viele Indizien, dass die klassische, an der Legitimationskette orientierte Demokratiekonzeption gesellschaftlich auf breiter Front an Über-

---

[97] Meyer-Renschhausen 2009; Treiber 2009
[98] Greim 2006
[99] Kluth 2004: 147

zeugungskraft verliert, sie werden in der Politikwissenschaft unter vielfältigen Stichworten wie z. B. „Politik-" oder „Parteienverdrossenheit", „simualtive-", „Medien-" oder „Postdemokratie" diskutiert.[100]

Da die traditionelle demokratische Legitimation nicht mehr überzeuge, sprechen sich verschiedene Politikwissenschaftler für *„Output-Legitimität"* aus. Statt über den Bearbeitungsweg „von der öffentlichen Meinung über die Parteienkonkurrenz zur allgemeinen Wahl und Regierungsbildung" sollten sich Entscheidungen zunehmend darüber rechtfertigen, dass der Output, also das Ergebnis, objektiv gut sei.[101] Diese Argumentation enthält offensichtlich eine Begründungslücke, wenn man fragt, ob sich die Interessen der Regierten objektiv bestimmen lassen, ohne dass sie sich artikulieren bzw. ohne dass sie über inputseitige demokratische Verfahren festgestellt werden. Aus diesem Grund wird von den Output-Theoretikern nur selten bestritten, dass eine Demokratie prinzipiell auch inputseitige Verfahren benötigt, bspw. Landtagswahlen. Allerdings räumen sie solchen Verfahren nur noch geringen Stellenwert ein.

Die sich dadurch auftuende Bestimmungslücke füllt an Hochschulen und anderen Bereichen des öffentlichen Dienstes zunehmend ein „Trust in Numbers".[102] Immer mehr wird darauf vertraut, dass Rankingverfahren und neu in den Hochschulbereich eingeführte Maßzahlen wie Publikationsindizes möglichst neutral über Hochschulleistungen Auskunft geben. Wie in vielen anderen Gesellschaftsbereichen auch wird dabei auf wettbewerbliche Verfahren gesetzt, um die Qualität von Wissenschaft und Forschung in möglichst objektiv bewerten zu können und sie z. T. in Quantitäten, also Kennzahlen, abbilden zu können. Dazu werden öffentliche Dienstleistungen auf neu geschaffenen Quasi-Märkten bewertet, d. h. die Politik[103] erlässt Regelungen, die von ihrer äußeren Form her einer Marktsituation nachempfunden sind bzw. ein wettbewerbliches Bewertungsverfahren künstlich nachbilden.[104] Die aus dem Hochschulbereich bekanntesten Beispiele dafür sind der Exzellenzwettbewerb und Verfahren der leistungsbezogenen Mittelverteilung. Wie u. a. der Soziologe Ri-

---

[100] Crouch 2004, Meyer 2003, Blühdorn 2006

[101] Scharpf 2005: 717

[102] Münch/Pechmann 2009: 69

[103] Die selbe Entwicklung findet sich im Bereich der Binnensteuerung von Großunternehmen, wo das Management einen Teil des internen Austausches über virtuelle Marktsituationen organisiert; Völker/Kasper 2004

[104] Der Hochschulforscher Reinhard Kreckel bezeichnet dies als „indirekte Ökonomisierung", da der Staat den Hochschulen mit einer zunehmend ökonomisierten Handlungslogik gegenübertrete; Kreckel 2004: 190

chard Münch materialreich vorführt, ist diese Objektivität im Hochschulbereich zumindest in Teilen nur eine scheinbare.[105]

Der Analyse von Simon Marginson u. a. zufolge geraten dadurch die Qualität und die öffentlichen Funktionen von Hochschulen aus dem Blickfeld. Den Wert der Erzeugung öffentlicher Güter an Hochschulen in einer Ziffer zusammenzufassen, sei nämlich eine Schimäre. Obwohl die Produktivität von Hochschulen über deren Bewertung in Quasi-Märkten ggf. als besonders objektiv dargestellt werden kann, vermutet der australische Hochschulforscher, dass sich die tatsächliche Produktivität über diese Form der Messorientierung sogar verschlechtert. Im Anschluss an ökonomische Theorien lässt sich nämlich zeigen, dass auf Märkten nur über Ausschluss und Rivalität verkauft werden kann, während Wissensproduktion von umfassender Kooperation und von Netzwerkeffekten profitiert. Letztere aber werden durch die forcierte Marktorientierung eingeschränkt.[106]

Abstrakt zusammengefasst ist in den letzten Jahren an die Stelle der Legitimation über (demokratische) Verfahren zunehmend die Legitimation über Zahlen getreten: Kennzahlen versprechen angesichts der unübersichtlichen Fragen rund um Hochschulorganisation eine schnelle Orientierung und auch Kontrolle. Wie sich im Folgenden am Beispiel des neu eingeführten Hochschulgremiums des Hochschulrats gezeigt werden soll, gewinnt parallel auch die „charismatische Legitimation“ wieder an Bedeutung, also das Vertrauen darin, dass die Führung durch die richtigen Persönlichkeiten entscheidend sei.

In der gegenwärtigen Debatte über Hochschulorganisation suggerieren viele Beiträge, aktuell komme es nur noch auf Output-Legitimität an. Da es im Wesentlichen nur noch darum ginge, den scheinbar objektiv bestimmbaren Output von Hochschulen zu verbessern, müssten diese möglichst neutral – also über Kennzahlen – und von durchsetzungsstarken Experten geführt werden. Für Mitbestimmung und Selbstverwaltung, die ja nicht rein sachbezogen funktionieren, sondern ausdrücklich verschiedene partielle Interessen artikulieren sollen, bleibt in diesem Ansatz wenig Platz. Ein anschauliches Beispiel für diese Auffassung ist ein Aufsatz des Kanzlers der JLU Gießen zu den Herausforderungen der Partizipation an Hochschulen: Da die Mitbestimmungsgremien – übrigens auch

---

[105] Münch 2007. An dem Aspekt setzt ebenfalls der zu Eingang dieser Expertise zitierte Beitrag der SPD-Präsidentschaftskandidatin Gesine Schwan an, also daran, dass nicht nur die objektive Bewertung von Qualitäten Probleme bereitet, sondern dass dies unter den Bedingungen einer Wissensgesellschaft sogar unvorteilhaft sein könnte; Schwan 2009; vgl. auch Pasternack 2006b

[106] Marginson 2007, Stiglitz 1999

durch die Beschneidung ihrer Kompetenzen durch den Gesetzgeber – ihre Funktion verlören, müsse die Hochschulleitung dies kommunikativ auffangen. Da aber der Output durch möglichst „sachhaltige“ Entscheidungen optimiert werden solle, ist diese Kommunikation, einschließlich der hierbei einzusetzenden partizipativen Elemente, als ein einseitiger Vorgang gedacht: Die Leitungsstäbe erklären den anderen Hochschulmitgliedern, warum ihre Mitbestimmung leider nicht mehr möglich sei und helfen bei der „Trauerarbeit“, damit der Abbau von Demokratie nicht mehr „als Prozess des Verlierens wahrgenommen“ werde. Eine solche Auffassung lässt zwar keine positive Sicht auf verfasste Mitbestimmung an Hochschulen mehr zu, allerdings zeigt sie auch einen wichtigen Ansatzpunkt für demokratische Anliegen auf: „die kritische Anfrage nach der Auswahl der Experten“.[107]

Die zunehmende Professionalisierung des Hochschulmanagements wirft also die partizipationsrelevanten Fragen auf,

- wie dabei Professionalität bestimmt wird und
- ob die verschiedenen Gruppen von Hochschulmitgliedern über jeweils ihnen nahe stehende Manager und Experten vertreten werden könnten.

Verschwisterung von verfasster Mitbestimmung und Bürokratie

Damit ein Mitbestimmungsrecht einklagbar ist, muss es rechtlich vordefinierte Situationen geben, in denen es greift, also möglichst unstrittig bestimmbare Anlässe bzw. mitbestimmungspflichtige Tatbestände. An dieser Stelle kommt eine aktuelle Herausforderung der verfassten Mitbestimmung an Hochschulen ins Spiel: Klassische Organisationen[108] waren bürokratisch organisiert, d. h. insbesondere, dass es für sie eine zentrale Rolle spielte, Verfahren und Abläufe zu normieren.[109] In der heutigen Hochschulreformdebatte findet sich für die Bezeichnung dieses Sachverhalts u. a. der etwas unklare und z. T. ideologisch aufgeladene Begriff der „Detailsteuerung“. Im Rahmen von vordefinierten Abläufen ist es einfach, Mitbestimmungsorganen ebenfalls eine vordefinierte Rolle einzuräumen, die sie dann leicht selbstständig wahrnehmen oder einklagen können.

Solche Möglichkeiten verschlechtern sich durch einen dominanten Trend zur *Flexibilisierung von Organisationen*, ein Trend, den namhafte Sozio-

---

[107] Breitbach 2007: 2, 4-5

[108] Richard Sennett nennt als Zeitraum die 1860er bis 1970er Jahre, je nach Land und Organisationsfeld war der Bruch mit dem stabilitätsorientierten Organisationsideal aber erst ab Mitte der 1990er Jahre oder noch später spürbar; Sennett 2005: 22

[109] Mintzberg 1979: 325, Weber 2002: 160-161; 1918

logen von Richard Sennett über Anthony Giddens bis Ulrich Beck schon seit Jahren mithilfe empirischer Belege aus sehr unterschiedlichen Gesellschaftsbereichen analysieren.[110] Flexibilisierte Abläufe führen regelmäßig dazu, dass der Personalrat erst informiert wird, wenn bereits alle Entscheidungen gefallen sind, oder dass der Senat erst im Nachhinein befasst wird. Definierte Situationen, in denen ein formales Informationsrecht, eine Zustimmungspflicht o. ä. greift, fallen nur z. T. weg. Wichtiger aber ist, dass formale Regeln für Entscheidungsabläufe zunehmend als irrelevant angesehen werden. Auch diese Veränderung wird in der Hochschulreformdebatte diskutiert, etwa als „Abkehr von der Legitimation durch Verfahren".[111]

Die von ihrer Struktur her bürokratischen Rechte der formalen Mitbestimmungsorgane werden deshalb als unnötige Hemmnisse oder Blockaden wahrgenommen – und nicht mehr als Stütze der Legitimation einer Hochschule. Wenn die Mitglieder flexible Organisationsabläufe als effizient erleben, erleben sie Mitbestimmungsverfahren, die auf die strenge Einhaltung von Verfahrensvorschriften und Zustimmungserfordernissen angewiesen sind, tendenziell als ineffizient. Formale Mitbestimmungsrechte verlieren in der Folge auch bei denen an Akzeptanz, deren Interessen eigentlich geschützt werden sollen. In der Folge kann es sich eine Hochschulleitung immer öfter erlauben, Mitbestimmungsgremien zu übergehen oder bei Entscheidungen vor vollendete Tatsachen zu stellen.

Aufgrund der Doppelstruktur der verfassten Mitbestimmung überschneidet sich z. B. die Arbeit von Senaten und Personalvertretungen an vielen Punkten. Wer sich wünscht, dass Hochschulen insgesamt bürokratisch und stimmig organisiert sind, muss solche Überschneidungen als ein Problem ansehen: Überschneidungen der Zuständigkeiten bedeuten einen Abstimmungsbedarf, für den ggf. keine formalen Regeln vorliegen. Im klassischen Bürokratiemodell werden deshalb Zuständigkeiten sachlich voneinander abgegrenzt, damit alle Organe ihren Auftrag nach berechenbaren Schemata abarbeiten können.[112] Viele Landesgesetzgeber haben deshalb Ausschlussregeln eingeführt und verbieten die parallele Mitgliedschaft in Personalvertretung und akademischer Selbstverwaltung (z. B. Hessen und Mecklenburg-Vorpommern), was die inhaltliche Abstimmung zwischen den beiden Organen erschwert. Andere Länder schließen die Mitbestimmung der Personalvertretung für Fragen, in denen der akademische Senat entscheidet, einfach aus (z. B. Niedersachsen und Mecklenburg-Vorpommern). Trotzdem lassen sich Regelungslücken

[110] Sennett 2005, Beck 1986, 1999
[111] Breitbach 2009
[112] Weber 2002: 160-161

auf diesem Weg gar nicht verhindern, z. B. ist in NRW ungeklärt, wie sich ein Zustimmungserfordernis auswirkt, wenn die getrennten Organe wissenschaftlicher Personalrat und Personalrat der sonstigen Beschäftigten unterschiedlich entscheiden.

Die bürokratische Abgrenzung der Zuständigkeiten funktioniert also nicht. Unter den Bedingungen einer modernen Wissensproduktion wäre es zeitgemäßer, wenn sich die Mitbestimmungsorgane flexibel untereinander koordinieren – schließlich kann auch keins von ihnen alleine allen relevanten demokratischen Ansprüchen genüge tun. Eine Reihe von Bundesländern zeigt, dass solche Einschränkungen gar nicht sein müssen. Besonders hervorzuheben ist dabei Bremen, das als einziges Bundesland ganz darauf verzichtet, die Personalvertretung im Wissenschaftsbereich mit Ausnahmeregelungen zu beschneiden. Die anderen Länder schließen jeweils unterschiedliche Personalgruppen pauschal aus der Mitbestimmung aus, meist die Professorinnen und Professoren, z. T. aber auch viele weitere Personalgruppen (etwa in Baden-Württemberg und NRW). Die Mehrzahl der Länder erlaubt die Mitbestimmung des Personalrats bei überwiegend wissenschaftlich Beschäftigten nur auf deren Antrag hin.

Am positiven Beispiel anderer Länder lässt sich jeweils zeigen, dass auf alle solche Einschränkungen verzichtet werden kann, dass Personalratsmitgliedern nicht die Mitgliedschaft in einem Fakultätsrat oder Senat verwehrt werden muss, dass das wissenschaftliche und sonstige Personal erfolgreiche Gesamtvertretungen bilden können und dass auch eine eigene Personalvertretung für studentische Hilfskräfte möglich ist.

Gegenüber den überwiegend als reformorientiert auftretenden Wissenschaftsministerien könnte geltend gemacht werden, dass die bisherigen Einschränkungen überwiegend auf einem bürokratischen Organisationsverständnis beruhen. In einigen Bundesländern finden sich bereits Ansatze, die auf eine Verzahnung der Arbeit der verschiedenen Mitbestimmungsorgane zielen, statt sie einer bürokratischen Logik folgend gegeneinander abzuschotten: In vielen Ländern hat die Personal- und Studierendenvertretung ein Rederecht im Senat. Das hessische Hochschulgesetz kennt eine Regelung, die für die Kooperation der Mitbestimmungsorgane besonders günstig ist. Dort haben neben Frauenbeauftragter und Vertrauensperson der Schwerbehinderten auch Personalrat und Studierendenvertretung ein Teilnahme- und Rederecht bei den Sitzungen des erweiterten Hochschulpräsidiums. Dasselbe Recht haben in Thüringen Personalrat, Studierendenvertretung und Gleichstellungsbeauftragte bei den Sitzungen des dort starken Hochschulrats.[113] Solche Regelungen

[113] § 43 Abs. 1 HHG, § 32 Abs. 7 ThürHG

finden sich z. T. auch zugunsten der akademischen Selbstverwaltung, beispielsweise haben die Senate in Bremen und Niedersachsen explizite Informations- und Auskunftsrechte gegenüber ihren Hochschulleitungen.

Beides ist gerade in flexibilisiert organisierten Hochschulen mitbestimmungsförderlich, da die Vertreter so rechtzeitig über anstehende Entscheidungen informiert sind. Sie können dann zumindest hin und wieder ihre Einwände geltend machen, bevor die Meinungsbildung der anderen Akteure abgeschlossen ist. In diesem Beispiel ist ein formales Stimmrecht also gar nicht entscheidend. Für die gegenüber der Hochschulleitung eher schwachen Interessensvertreter kann es sogar von Vorteil sein, zwar frühzeitig Kritik anbringen zu können, aber nicht sofort auf die Zustimmung von Maßnahmen festgelegt zu werden, deren mögliche Konsequenzen ggf. erst intensiver mit den repräsentierten Betroffenen erörtert werden müssen. In flexibilisierten Organisationsstrukturen wächst also die Bedeutung von guter Vernetzung und von starken Informationsrechten der Mitbestimmungsorgane.

Die hier festgestellte Verschwisterung von verfasster Mitbestimmung und Bürokratie ist kein Argument dafür, dass auf einklagbare Beteiligungs- und Mitbestimmungsrechte zu verzichten. Bürokratische Strukturen im Allgemeinen sind eng mit dem über Generationen aufgebauten und auch kulturell verankerten Rechtssystem verknüpft, welches aufgrund seiner „Mächtigkeit und Beharrlichkeit“ nicht einfach beiseite geschoben werden kann.[114] Deshalb darf davon ausgegangen werden, dass bürokratische Strukturen an Hochschulen keinesfalls vollständig verschwinden werden. Sie haben lediglich in den vergangenen Jahren an Stellenwert und an Akzeptanz verloren, wenn auch erheblich.[115] Entsprechend lässt sich auch nicht bezweifeln, dass die klassische verfasste Mitbestimmung an Hochschulen künftig weiter geeignete Ansatzpunkte findet. Deregulierung wird absehbar nicht zu vollständigem Bürokratieabbau führen, sondern auch zu neuen Bürokratisierungen. Ein anschauliches Beispiel ist die Bürokratisierung der Studiengangsplanung im Zuge der Bologna-Reform.[116]

---

[114] Laux 1998: 73

[115] Anschauliche Beispiele dafür, dass ein vollständiger Abbau bürokratischer (Kontroll-) Verfahren dysfunktional ist, sind der 2009 aufgedeckte Skandal rund um die Kontrolle der Finanzausgaben des SFB 552 an der Universität Göttingen oder die Ende 2006 bekannt gewordene Zweckentfremdung von Fördergeldern an der FH Gelsenkirchen.

[116] Vgl. Kühl 2011

Großtrend Flexibilisierung der Organisationsstruktur

Wenn die verfasste Mitbestimmung tatsächlich eng mit dem bürokratischen Organisationsmodell verknüpft ist, ließe sich fragen, ob die aktuellen Managementtrends eine vorübergehende Erscheinung sind, die sich aussitzen ließe. Freunde der verfassten Mitbestimmung müssten in jenem Fall nur abwarten, bis die neoliberalen Tendenzen in der Hochschulorganisation wieder abgeklungen wären. Tatsächlich finden sich zahlreiche Hinweise, dass aktuell vorherrschende Managementtrends ihren Höhepunkt bereits überschritten haben.[117]

Bezogen auf den Bereich des öffentlichen Diensts in Deutschland wird die Einführung von Controlling-Systemen und ähnlichen Managementinstrumenten mit dem „Neuen Steuerungsmodell" identifiziert. Es bezeichnet gleichzeitig auch den konzeptionellen Ansatz, an dem sich die Hochschulreform der letzten 15 Jahre maßgeblich orientiert hat. Zum Neuen Steuerungsmodell (NSM) gehört auch Output-Orientierung oder die Einrichtung von Quasi-Märkten. Quasi-Märkte u. ä. bedeuten aber nicht automatisch auch umgekehrt, dass man mit dem NSM bzw. mit der etwas älteren internationalen Richtung, dem New Public Management, zu tun hat. Quasi-Märkte u. ä. finden sich aber auch außerhalb der Neuorganisation von öffentlichen Dienstleistungen, bspw. in Privatunternehmen. Der Reformansatz des NSM war ursprünglich für die Anwendungen in Kommunalverwaltungen ausgelegt und hat für diese wiederum Steuerungsansätze aus der Privatwirtschaft adaptiert.

Einzelne Managementinstrumente wie Zielvereinbarungen gehören an deutschen Kommunen und Hochschulen zwar zum NSM,[118] können aber ihrerseits ganz anderen Trendkonjunkturen folgen. Gegenüber den Hochschulen wurde das Instrument erst ab 2003 von mehr als der Hälfte der deutschen Wissenschaftsministerien eingesetzt, in den USA aber Jahrzehnte früher. Der frühere Kanzler Robert Birnbaum verortet Zielvereinbarungen und andere Reformtrends, die in Deutschland mit der Hochschulreform ab Mitte der 1990er Jahre identifiziert werden, für die US-Hochschulen mit einer Phase von 1960 bis etwa 2000. Zielvereinbarungen, ein in den 1960er Jahren für Privatunternehmen entworfenes Verfahren, seien zwischen 1970 und 1975 wie eine Modewelle über die US-Hochschulen geschwappt, hätten aber nie funktioniert und seien entspre-

---

[117] Ein aktuelles Indiz ist, dass erstmals in einem Koalitionsvertrag proklamiert wird, das „Leitbild der »Unternehmerischen Hochschule«, das dem aktuellen Landeshochschulgesetz" der Vorgängerregierung zugrunde liege, passe nicht für die Hochschulen; Bündnis 90-Die Grünen/SPD Baden-Württemberg 2011: 12.

[118] KGSt 1998

chend ab 1980 als Steuerungsinstrument wieder in den Hintergrund getreten. Qualitätsmanagement, das in den Privatunternehmen seinen Höhepunkt um 1985 hatte, habe an den US-Hochschulen erst ab 1992 reüssiert, sei aber seit 1996 wieder auf dem Rückzug befindlich. Ähnliches findet sich für mehrere weitere Managementverfahren.[119]

Die folgende Abbildung 1 bietet eine zeitliche Anordnung der bisher diskutierten Trends. Eingetragen sind Angaben Birnbaums zu Managementtrends an den US-Hochschulen und eine Skizze Bogumils über die Intensität der Diskussion von NSM in drei von ihm detailliert untersuchten Beispielkommunen. Zusätzlich wurde hier eine eigene Abbildung des Diskussionsverlaufs im deutschen Hochschulbereich ergänzt (gestrichelte Linie). Die hier verwendete Wiedergabe des Diskursverlaufs fußt auf einer Auszählung von Artikelüberschriften in der Deutschen Universitätszeitung (duz).[120]

Es zeigen sich also erhebliche Zeitdifferenzen zwischen der jeweiligen Adaption in den USA, in deutschen Kommunen und an den deutschen Hochschulen. Sichtbar wird auch, dass der NSM-orientierte Reformdiskurs an den Hochschulen seinen Zenit bereits überschritten hat und sich dabei eventuell auf einen kleineren Kreis von Beteiligten verengt haben könnte – und zwar bereits vor der Finanzkrise. Insgesamt zeigt sich tendenziell, dass die Konjunktur eines Managementansatzes nach einigen Jahren in der Regel wieder abebbt, dem aber mutmaßlich ein neuer Konjunkturzyklus eines anderen Managementansatzes folgen wird. Insgesamt fügen sich die Konjunkturen der verschiedenen Managementansätze in den von Sennett u. a. beschriebenen Großtrend der Flexibilisierung ein. Diesem Trend unterliegen Hochschulen in allen OECD-Ländern,[121] aber auch die allgemeinen öffentlichen Verwaltungen und auch Privatunternehmen. Für das Anliegen, systematische Beteiligungsmöglichkeiten und echte Mitbestimmungsrechte zu stärken, lässt sich daraus ableiten:

- Es ist von einem wirkungsmächtigen Trend der Flexibilisierung von Organisationsstrukturen auszugehen, der sich nicht aussitzen lässt.
- Einzelne Managementtrends haben hingegen i. d. R. eine erkennbar begrenzte Halbwertszeit. Wenn Partizipationsmöglichkeiten nachhaltig ver-

---

[119] Birnbaum 2001

[120] Ausgewertet wurden rund 3700 Artikelüberschriften, Unterüberschriften und Rubrizierungen zwischen 1993 und 2008. Dargestellt ist die Anzahl, in denen die Schlagworte Akkreditierung, Leitbild/Profil, Zielvereinbarung, Marketing, Mittelverteilung, Hochschulrat, Controlling oder Qualitätsmanagement bzw. die jeweiligen bedeutungsgleichen Entsprechungen auftauchen.

[121] Vgl. {Leszczensky, 2004 #949;OECD, 2008 #1149}

bessert werden sollen, ist es nicht ratsam, sie eng an einzelne Managementinstrumente zu koppeln.

- Zu Managementideen, die im Hochschulbereich als neu erlebt werden, existieren regelmäßig bereits Erfahrungen aus anderen Gesellschaftsbereichen und aus anderen Ländern.

Abbildung 1 (eigene Darstellung)

Partizipationschancen durch neue Managementinstrumente

Managementansätze, die sich selbst als partizipativ verstehen, haben seit den 1990er-Jahren wieder an Bedeutung gewonnen (Wolf 2003: 10-20). Das bereits angesprochene NSM fügt sich in diesen Trend ein. Ursprünglich setzt das Modell an dem Problem an, dass Kommunalverwaltungen traditionell zu detailliert über Vorschriften und Direktiven gesteuert worden seien. Der Rückbau bürokratischer Vorgaben sollte mehr Raum dafür bieten, damit die Beschäftigten ihre Aktivitäten pragmatisch mitgestalten können und mehr Selbstverantwortung übernehmen.[122] In der Literatur werden deswegen das NSM oder die Grundtendenz der jüngeren Managementansätze insgesamt regelmäßig als „partizipativ" klassifiziert, etwa weil ihr Grundgedanke die „Gewährung größtmöglichen Handlungsspielraums" sei.[123]

[122] KGSt 1993

[123] Nickel 2007: 125

Die Partizipationschancen, die das NSM eröffnet, werden in erster Linie im Kontext von zwei Steuerungsinstrumenten verortet, nämlich im Zusammenhang mit Leitbild- und Zielvereinbarungsprozessen. Da diese Instrumente in dem bereits diskutierten Kontext der Flexibilität von Organisationsstrukturen stehen, ist die Art ihrer Anwendung überwiegend nicht mit Gesetzen oder Vorschriften in eine verbindliche Form gebracht, sondern eher als unsystematisch zu charakterisieren. Ob und wie verfasste Mitbestimmungsstrukturen bei der Umsetzung beteiligt wurden, variiert von Hochschule zu Hochschule. Der einzigen sich für diese Frage interessierenden Studie zufolge geschieht eine solche Beteiligung „aber in der Regel eher im Verborgenen und ist anschließend in den Vereinbarungen nicht als Leistung der Personalvertretung erkennbar" – auch von den vereinbarten Inhalten her.[124]

Die deutlichsten Chancen auf neue Partizipationsmöglichkeiten zeigen sich bei Zielvereinbarungen zwischen sonst weisungsabhängigen Mitarbeiterinnen und Mitarbeitern und ihren Professorinnen und Professoren, Institutsleitungen. Für sie eröffnet sich die Chance, „eigenständig die für sie maßgeblichen Leistungs- und Arbeitsbedingungen zu beeinflussen".[125] Da die direkten Vorgesetzten an Lehrstühlen und kleinen Instituten z. T. eine sehr hohe persönliche Verfügungsmacht haben, kommt es erheblich auf die konkrete Ausgestaltung an, damit eine Zielvereinbarung tatsächlich partizipativ sein kann. Entscheidend ist darüber hinaus, ob eine solche Dezentralisierung von Partizipation die Position und die Einheitlichkeit der Interessenvertretung über einen Personalrat ergänzt oder umgekehrt eher schwächt.[126] Eine Schwächung der verfassten Mitbestimmung über Personalvertretungen ist im Wissenschaftsbereich wahrscheinlich, da die dortigen Karrierepfade stark personalisiert sind. Verschiedene Studien weisen darauf hin, dass Beteiligte ihre Probleme mit der Arbeitssituation an Hochschulen häufig individualisiert und konkurrenziell deuten, nicht aber solidarisch.[127] Personalisierte Zielvereinbarungen können dies verstärken.

Auf der Ebene von ganzen Hochschulen oder Hochschuleinheiten ist der Partizipationsaspekt von Zielvereinbarungen undeutlicher, da keineswegs alle Betroffenen an der Aushandlung beteiligt sind. Trotzdem ist die Auffassung verbreitet, dass Partizipation und Mitbestimmung über Zielvereinbarungen „wirksamer realisiert werden als über an Paritäten ausge-

---

[124] König et al. 2007: 75-76

[125] Breisig 2001: 56

[126] Tondorf et al. 2002: 66

[127] Grühn et al. 2009, Institut für Regionalforschung 2007

richtete Mitwirkung in Gremien".[128] Der CHE-Mitarbeiter und Professor für Wissenschaftsmanagement, Frank Ziegele, veranschaulicht dies an einem Beispiel. In diesem nahm ein Fachbereich der TU Kaiserslautern Ideen von Beschäftigten und Studierenden als Input für einen Zielvereinbarungsabschluss auf. Dazu wurden eine Anhörung, mehrere Workshops und eine Befragung organisiert. Aus der Natur des Verfahrens ergibt sich allerdings, dass sich kaum aufzeigen lässt, von wem dabei welche konkreten Inputs eingebracht werden konnten. Auch die Qualität einer solchen Beteiligungsmöglichkeit lässt sich kaum über einen jeweiligen Einzelfall hinaus beurteilen. Ein weiteres Beispiel für die neue Partizipationsmöglichkeit ist die Art und Weise, in der viele Hochschulen vor mehreren Jahren ihr Leitbild erarbeitet haben. Dies geschah in vielen Fällen nicht ausschließlich über Repräsentationsorgane und gewählte Vertreter, sondern mit einer breiteren Beteiligungsorientierung. Im günstigsten Fall bemüht man sich dabei aktiv um empowerment. U. a. können Moderationsmethoden eingesetzt werden, um eine große Zahl von Betroffenen, die zu einem entsprechenden Termin zusammenkommen, umfassend einzubeziehen. Eine geeignete Moderation öffnet dabei den Raum sowohl für Personen als auch für Themen, die sonst nicht zu Wort kommen. Dabei wird eine faire Willensbildung unter den Beteiligten unabhängig von deren akademischem Rang organisiert.[129] Die Beteiligung erfolgt also zeitnah und unmittelbarer als über ein Repräsentationsorgan, welches nur etwa alle zwei bis vier Jahre neu zur Wahl steht. Außerdem steht sie Gruppen und Einzelpersonen offen, die sich über die verfassten Mitbestimmungsorgane schlecht vertreten sehen.

Tücken der Partizipationschancen neuer Managementinstrumente

Im oben zitierten Beispiel aus der TU Kaiserslautern begrenzte sich die Partizipation auf die Erarbeitung der Ausgangsposition von einem der beiden späteren Vereinbarungspartner. Die Beteiligung umfasst i. d. R. nicht die Aushandlung der Zielvereinbarung selbst. Wenn diese in nicht institutionalisierten Gremien und hinter verschlossenen Türen erfolgt, entfällt die Möglichkeit, die Entscheidenden politisch verantwortlich zu machen, denn die Schuld kann immer dem anderen Verhandlungspartner zugeschoben werden („*blame avoidance*"[130]). Für die neuen Beteiligungschancen, die sich im Rahmen der jüngeren Reformen ergeben sollen, ist dies insgesamt typisch: Die Beteiligung gilt nur für begrenzte Bereiche und erfolgt überwiegend nur anlassbezogen, ist also z. B. nicht für

[128] Ziegele 2006: 28: 22
[129] Freimuth 2000
[130] Offe 2003: 15.

die Folgezielverhandlung garantiert. Neue und direkte Partizipationsformen bieten zwar gute Möglichkeiten, um Unzufriedenheit gegenüber dem Management aktiv zu kommunizieren statt still zu resignieren (*Voice-Funktion*). Wenn die neuen Beteiligungsangebote allerdings davon abhängen, ob sie der jeweiligen Leitungsebene opportun erscheinen, handelt es sich allerdings eher um „*Beteiligungsplacebos*".[131]

Die Differenz zwischen neuen Partizipationsformen und bewährten Mitbestimmungsrechten lässt sich nicht trivial auflösen: Wenn man die neuen Beteiligungsmöglichkeiten systematisiert und auf eine solide Grundlage stellt, würde man die Leitungsebene nicht nur zwingen, sie bei jedem Thema einzuräumen, sondern die Leitungsebene würde darüber hinaus an eine bestimmte Anwendung des zugehörigen Managementinstruments gebunden. Zwar ist z. B. denkbar, dass man festzulegt, bei einer Zielvereinbarung zwischen bestimmten Ebenen seien Senat und Personalvertretung auf eine bestimmte Art zu beteiligen und/oder sei eine bestimmte beteiligungsorientierte Zielvereinbarungskonferenz durchzuführen. Eine solche Festlegung würde allerdings gegenstandslos, wenn sich die Leitungsebene entschließen würde, nicht länger mit Zielvereinbarungen auf jener Organisationsebene zu steuern, sondern stattdessen ein anderes Instrument einzusetzen, für das noch keine solche Festlegung existiert.

Für die neuen Partizipationsformen ist zudem typisch, dass sie auf singuläre Anwendungssituationen zugeschnitten sind – hier etwa auf den Abschluss einer Zielvereinbarung. Sie sind also nicht nur an ein Managementinstrument gekoppelt, sondern zusätzlich an zeitlich abgegrenzte Phasen, die meist Verhandlungssituationen sind. Eine solche Beteiligung folgt also nicht der politischen Logik von checks and balances, der zufolge die Machtposition z. B. einer Hochschulleitung eines Ausgleichs bedarf, weshalb Partizipation als eine alltagsbegleitende Daueraufgabe gestaltet werden sollte.

Dies hängt mit dem Organisationsverständnis des Neuen Steuerungsmodells zusammen bzw. erklärt sich über jene Organisationstheorien, die hinter der in den letzten Jahren ausschlaggebenden Reformrichtung des New Public Management stehen:[132] Diese theoretischen, aus der Ökonomie stammenden Modelle stellen sich – etwas pauschalisierend gesagt – Organisationen so vor, als würden deren Mitglieder im wesentlichen über lediglich zwei Mechanismen koordiniert: über Wettbewerb und über Privatverträge. Nach diesem Organisationsbild ist Partizipation von wesentlicher Bedeutung für Vereinbarungen, die man dem Grundmodell des Privatvertrags nachempfindet. Kontrollfunktionen werden dem zugehöri-

---

[131] Stagge 2000: 205-207.

[132] Es handelt sich um Ansätze der Neuen Institutionenökonomik; Grüning 2000

gen Organisationsbild zufolge vorzugsweise einem Controllingsystem zugewiesen (vgl. „Trust in Numbers“), nicht aber unbedingt demokratischen Gremien, denen man dann nicht ausreichend Neutralität zutraut. Im Gegensatz dazu sieht das Model des checks and balances gar keine Neutralität vor, sondern strebt einen Ausgleich von Interessen an, die ausdrücklich parteiisch sein sollen (vgl. „Gruppenhochschule“). Wer demokratische Anliegen befördern will, muss solche unterschiedlichen Verständnisse aufklären, was bisher noch zu selten geschieht. Immer noch schlagen wissenschaftliche Arbeiten ernsthaft vor, „partizipatives Management“ müsse bedeuten, Partizipation bzw. ein „partizipatives Übergewicht“ an den Hochschulen abzubauen.[133] Hier tut die Klärung der Begrifflichkeiten und zugehörigen Hintergrundannahmen Not.

Den bisher aufgezählten Tücken zum Trotz muss man Zielvereinbarungen ein gewisses partizipatives Potenzial zusprechen. Dem NSM zufolge sollen sie nämlich neue Freiräume für kreative Verantwortungsübernahme schaffen. Das Gewähren solcher neuer Freiräume ist dabei eine Gegenleistung, die die übergeordnete Hierarchieebene anbietet, um im Gegenzug effektivere Beiträge zu ihren Zielen zu erhalten.[134] An Hochschulen kann dieser Mechanismus allerdings nur eingeschränkt greifen. Der Grund ist, dass an den Hochschulen viel weniger neue Freiräume angeboten werden können als z. B. in einer bürokratisch durchstrukturierten Kommunalverwaltung, da die Hochschulen schon vorher von der grundgesetzlichen Wissenschaftsfreiheit profitierten. Hochschulprofessorinnen und Professoren, aber auch einzelne Organisationseinheiten wie Fakultäten und Fachbereiche besitzen, wie dargestellt, bereits ohne die Zielvereinbarungen eine erhebliche Autonomie. Die Frage, welche Partizipationschancen neue Steuerungsverfahren bieten, ist deshalb für Hochschulen anders zu beantworten als z. B. bei einem kommunalen Einwohnermeldeamt. Letzteres hat nämlich eine enger umgrenzte Aufgabe und deshalb traditionell auch nicht die für Hochschulen typischen Selbstverwaltungsrechte und -gremien.

Vorzüge der neuen Partizipationsformen

Wie diskutiert steht der unsystematische Charakter der neuen Partizipationsformen einer systematischen Untersuchung ihrer Vorzüge im Weg, allerdings fehlt es bisher auch noch an geeigneten Studien. Studien zu außerhochschulischen Arbeitskontexten, in denen zunehmend flexibel mit Wissen gearbeitet wird, deuten aber darauf hin, dass es solche Vorzüge

---

[133] Nickel 2007: 116-117.

[134] KGSt 1998

gibt. Wie Peter Ittermann am Beispiel der Unternehmen der Neuen Medien aufzeigt, identifizieren sich die Beschäftigten dort besonders stark mit direkten, also nicht über Repräsentationsorgane organisierten Partizipationsformen. Dies gilt insbesondere dann, wenn die Partizipation eng mit dem – überwiegend informell strukturierten – Arbeitsalltag verknüpft ist. Vielen dieser Beschäftigten ist es wichtig, über Projektgruppen und ähnliche informelle Ebenen aktiv in Informationsflüsse und den Meinungsaustausch eingebunden zu sein. Schwach abgesicherte, aber direkt und tätigkeitsnah ausgeübte Mitwirkungsmöglichkeiten werden also z. T. gegenüber starken, aber nur indirekt ausgeübten Mitbestimmungsrechten präferiert. Für Wissensarbeiter verzahnt sich direkte und informelle Partizipation zunehmend mit ihrer Aufgabenwahrnehmung in ihrem Betrieb, weshalb ihr Arbeitgeber zunehmend auch ökonomisch an die Gewährung dieser informellen Möglichkeiten gebunden ist und die Partizipation auch dann nicht aufkündigt, wenn sie im Einzelfall nicht mit seinen Interessen konform geht.[135]

Expertenorganisation und Wissensgesellschaft

Beim Blick auf die Geschichte der Selbstverwaltung an Hochschulen war aufgefallen, dass u. a. die Ordinarien Verfahren der direkten Beteiligung präferierten. Weiterhin habe ich angeführt, dass Universitätsprofessoren oft eine so geartete Beteiligungsform praktizieren, nämlich die Hochschullehrerversammlung, selbst wenn sie formal nicht vorgesehen ist. Harald Wolf stellt ähnliches für privatwirtschaftliche Arbeitskontexte fest: „Wenn die Formalorganisation sie nicht vorsieht, entwickelt sich die Partizipation im Geheimen, als »brauchbare Illegalität« (Luhmann).[136] Wer sich an einer Hochschule genauer umschaut, findet dafür zahlreiche Beispiele auch bei den Nicht-Professoren: IT-Verantwortliche verschiedener Bereiche schließen sich zu informellen Runden zusammen und legen auf dieser Ebene wesentliche Standards fest, ohne die formale Entscheidungshierarchie zu beachten; Sekretärinnen und Sachbearbeiter der Drittmittelverwaltung einigen sich untereinander auf bestimmte Vorgehensweisen, obwohl dies eigentlich nicht in ihrer Kompetenz liegt u. ä. m. Solche informell hergestellten Beteiligungsmöglichkeiten wirken sich positiv auf die Arbeit und die Arbeitsmotivation aus. Deshalb sind sie überwiegend auch im Interesse der Arbeitgeber. Eigentliches Anliegen der sich als partizipativ verstehenden Managementansätze ist denn auch, diese Interessensparallelität von Beschäftigten und Arbeitgeber zu nutzen.

---

[135] Ittermann 2009

[136] Wolf 2003: 22

Für die hier verfolgte Argumentation ist nun wesentlich, ob sich auch Ansatzpunkte finden, die über diese Interessensparallelität hinausweisen. Konkret, können sich solche Partizipationsformen auch dann die demokratische Beteiligung erweitern, wenn dies nicht im Interesse der Leitungsorgane ist? Relativ systematisch wurde dies bereits in den 1970er Jahren von Henry Mintzberg anhand der Organisationstypen „Expertenorganisation" und „Adhocracy" herausgearbeitet. Gemeint sind solche Organisationen, bei denen im Kernbetrieb immer wieder neues Wissen eingesetzt wird. In der Folge verteilen solche Organisationen dann die Entscheidungsmacht auf alle Hierarchieebenen, lassen also alle partizipieren. Von der strategischen Spitze für die ganze Organisation vorgegebene Leistungskennzahlensysteme können dann keine oder keine entscheidende Rolle spielen. Da die Strukturen „fluid" sind, trifft die strategische Spitze weniger die grundlegenden Entscheidungen, sondern setzt eher Verhandlungsgeschick ein, um Abläufe auf produktive Ergebnisse hin zu lenken. Typisch für solche Organisationen ist dann, dass sie Beschäftigte an zentralen Entscheidungen durch Standing Committees u. ä. beteiligt – also über Mitbestimmungsgremien, wie sie auch an Hochschulen anzutreffen sind.[137]

Ein Grund ist, dass die meisten Mitarbeiter einer Hochschule als Experten eingesetzt sind. „Experte" meint in diesem Zusammenhang, dass die Beschäftigten im Rahmen ihrer Arbeit eine spezielle Problemlösungskompetenz einsetzen und Wissensaustausch organisieren sollen. Standards für ihre Arbeit entwickelt dieser Typus von Experten deshalb notwendig selbst und in Zusammenarbeit mit anderen. Die Organisationshierarchie kann diese Standards dann nicht vorschreiben, ohne in Kauf zu nehmen, dass die Experten nicht mehr als Experten wirken können. Einige Beispiele aus der Hochschulorganisation machen dies anschaulich:

Die Lehrenden des Fachs Plasmaphysik müssen selbst in Zusammenarbeit mit anderen Plasmaphysikern an anderen Hochschulen erarbeiten, was die Standards der Forschung und Lehre in ihrem Gebiet sind. Würde dies ein Leitungsorgan definieren, würden diese Lehrenden nicht mehr als Wissenschaftler arbeiten. Solche Vorgaben der Leitungsebene würden die Wissenschaftler also schon dann abwehren, wenn sie sich mit ihrer Arbeit als Wissenschaftler identifizieren. Ähnliches gilt für die oben als Beispiel genannten IT-Sicherheitsbeauftragten der verschiedenen Hochschulbereiche. Sie müssen an der Definition von Sicherheitsproblemen beteiligt sein, um als Sicherheitsexperten wirken zu können. Ähnliches gilt für wissenschaftliche Mitarbeiter, die als Studienberater fungieren sollen, Techniker, die komplizierte Spezialgeräte betreuen u. s. w. Sie

[137] Mintzberg 1979: 445-447

alle haben das Gefühl, dass es für ihre Arbeit wesentlich ist, selbst mitreden zu können, d. h. sie wünschen sich direkte und mit ihrem Arbeitsalltag verknüpfte Partizipation. Tendenziell reicht es diesen Beschäftigten nicht, wenn ein sie vertretender Personalrat kontrollieren würde, welche Standards ihnen die Leitungsorgane diktieren, denn sie haben das Gefühl, dass es besser wäre, wenn sie direkt beteiligt wären.

Diese Konstellation ist in der Organisationsforschung länglich bekannt und vermutlich auch der Hintergrund dafür, dass Hochschulen von Anfang an ein gewisses Maß an Autonomie und Selbstorganisation durchsetzen wollten und durchgesetzt haben. Wesentlich ist nun, dass immer mehr Beschäftigte einer Hochschule als Experten arbeiten müssen und können. Die Arbeit der Sekretärinnen an Hochschulen erschöpft sich immer weniger im Abtippen von Diktaten; vielmehr managen sie zentrale Abläufe, koordinieren die Arbeit studentischer Hilfskräfte oder fungieren als Übersetzerinnen zwischen den Ansprüchen der Wissenschaftler und der Hochschulverwaltung.

Das Konzept der „Wissensgesellschaft" ist ein geeigneter Ansatz, um diese Entwicklung zu analysieren. Die Autorengruppe um Helga Nowotny und Michael Gibbons sieht in der Wissensgesellschaft die Erfordernis, offene Foren für den Austausch und die Abstimmung zu schaffen, für welche der zentralen Platz der griechischen Antike den Namen liefert. Auf der *Agora* treffen sich diesem Vorschlag zufolge Wissenschaft, Ökonomie, Politik, Gesellschaft und sogar soziale Bewegungen.[138] Der unten dargestellte Vorschlag der „Mitbestimmungskonferenz" greift diese Idee auf.

Warum das Konzept der Wissensgesellschaft zu demokratischen Anliegen passt, lässt sich knapp anhand eines Beitrags von Gesine Schwan skizzieren. Schwan stützt ihre demokratischen Anliegen für den Hochschulbereich auf die Beobachtung, dass in einer Wissensgesellschaft in kollektiver Form intensiver mit Wissen gearbeitet wird denn je. Jedes Wissen werde dadurch immer wieder auf die Probe stellt, indem es in immer neuen Kontexten zur Anwendung gebracht wird. Deshalb führe die Wissensgesellschaft zu einer „paradoxen Vergewisserung über die prinzipielle Ungesichertheit von Wissen und den Grenzen seiner Geltung." Dies hat Konsequenzen für die Hochschulorganisation: Wenn die Hochschulen zunehmend neues Wissen über die alten Grenzen zwischen Fachdisziplinen und methodischen Schulen hinweg erzeugen sollen, lässt sich dies nicht mehr mit objektiven Kennzahlen bestimmen. Wenn neues Wissen alte Grenzziehungen zwischen den vorher abgeschotteten Berei-

[138] (Nowotny et al. 2004: 253); die Bekanntheit der Autorengruppe beruht auf dem Konzept der „mode 2 knowledge production".

chen überschreiten soll, ist nicht länger plausibel, dass Expertenstäbe von professionellen Hochschulmanagern und kennzahlengestützte Controlling-Systeme zu einer optimalen Hochschulorganisation führen können. Effizient ist in einer so verstandenen Wissensgesellschaft hingegen, wenn man die Selbstbestimmung aller Beteiligten stärkt: „Gefragt ist vielmehr eine Stärkung der Fähigkeiten der Individuen, sich eigenständige Kategorien und Ordnungssysteme für die überbordenden Informationen zu erarbeiten, um darüber hinaus zu reflektiertem Wissen zu gelangen." Auch Output-Orientierung verliert ihre Überzeugungskraft, denn es gibt gar keinen objektiv messbaren Output, den man an ‚Kunden' wie Studierende abgeben könnte: „Bildung ist in diesem Verständnis kein handliches oder prestigesicherndes Gut, über das der Bildungsbürger verfügen kann. Bildung ist vielmehr die andauernde Anstrengung, mit der die Person die Welt erkennt, sich eine moralische Orientierung erwirbt und danach handelt."[139]

Ansatzpunkte für mehr demokratische Beteiligung

Die erste konzeptionelle Anregung zielt darauf, die verfasste Mitbestimmung und neue, direkte Partizipationsformen zum Vorteil beider miteinander zu verknüpfen. Der zweite Ansatzpunkt setzt an der Frage an, wie das politische Anliegen der Stärkung von Partizipation wieder mehr Beachtung finden kann. Dazu wird auf das Beispiel des Gender Mainstreaming zurückgegriffen.

Mitbestimmungskonferenz oder Agora der Partizipationsdimensionen

Ausgangspunkt ist die Annahme, dass die formalen Mitbestimmungsgremien in einer flexibilisierten Organisationsstruktur kooperieren und ihre Arbeit miteinander verknüpfen müssen. Sie können demnach ihre jeweiligen Zuständigkeiten nicht länger sinnvoll gegeneinander abgrenzen, sind aber genau nach diesem Schema konstituiert. Diese Lage ist in Abbildung 2 über die Kästen auf der linken Seite ausgedrückt. Z. B. muss das Gesamtorgan des Senats nach außen als Vertreter aller Hochschulmitglieder auftreten. Intern, also im Rahmen einer Senatssitzung, müssen die Vertreter des Mittelbaus trotzdem weiter eine partikulare, nämlich mittelbauspezifische Sichtweise zu Gehör bringen.

[139] Schwan 2009, vgl auch Stiglitz 1999

Modell zur Verknüpfung von formaler Mitbestimmung und informeller Partizipation

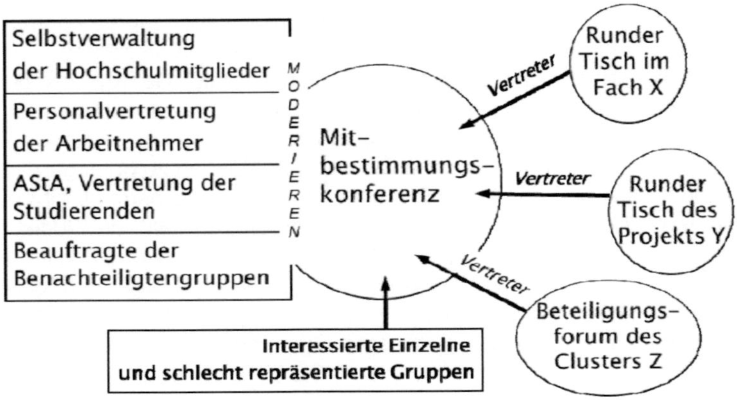

Abbildung 2 (eigene Darstellung)

Aus der Abbildung lässt sich ferner erkennen, dass sich z. B. eine verfasste Studierendenschaft auf die Perspektive der Studierenden bezieht, welche allerdings gleichzeitig auch Mitglieder der Hochschule, eventuell schwerbehindert oder als Hilfskräfte Beschäftigte sind. Ein Zusammenspiel zwischen den Mitbestimmungsdimensionen ist also unausweichlich, wenn die Hochschulmitglieder gut vertreten werden sollen.

Deshalb ist zu fragen, in welchem Rahmen ein solches Zusammenspiel überhaupt passiert oder passieren sollte. Wie kann die Mitbestimmung in den einzelnen Dimensionen zu gemeinsamen Strategien finden, insbesondere wenn die Richtschnur dabei nicht das der verfassten Mitbestimmung häufig vorgeworfene und defensive „Prinzip des kleinsten gemeinsamen Nenners“[140] sein soll? Ein Blick auf die der Dimensionen rechts im Kasten in Abbildung 2 genügt um zu erahnen, dass sich das Zusammenspiel nicht sinnvoll über ein formalisiertes Abstimmungsverfahren organisieren lässt. Ein fiktives Mitbestimmungsparlament, in dem die Gleichstellungsbeauftragte X Stimmen und ein Vetorecht bei Fragen zu Y hat, der Personalrat hingegen Z Stimmen, wäre ein bürokratisches Monster.

Ferner sind die vorangehend diskutierten Probleme der verfassten Mitbestimmung zu berücksichtigen. Dazu gehört, dass nicht alle Beschäftigtengruppen gut über Personalrat und akademische Selbstverwaltung repräsentiert werden, darunter der befristet beschäftigte Mittelbau, die studen-

[140] Breitbach 2007: 3

tischen Hilfskräfte und die teilzeitbeschäftigten Sekretärinnen an den einzelnen Lehrstühlen. Um diese bisher nicht gut vertretenen Gruppen und ihre Perspektiven einzubeziehen, sollte nach einer beteiligungsoffenen und -aktivierenden Plattform gesucht werden, etwa nach dem Muster der oben diskutierten Zielvereinbarungskonferenz. Dabei ist ein Ausgleich der im Hochschulbereich sehr ungleich anerkannten Sprechpositionen wichtig, z. B. über eine entsprechende Moderation. Zu beachten ist ferner, dass die Verbindlichkeit der Partizipationsmöglichkeit nicht allein vom Belieben der Hochschulleitung abhängt.

Es liegt also nahe, das die bisherigen Organe der verfassten Mitbestimmung die Einladung und Moderation der hier gesuchten Beteiligungsplattform gemeinsam in die Hand nehmen. Indem sie eine solche „Mitbestimmungskonferenz" organisieren, organisieren sie automatisch einen ersten Ansatzpunkt zur Koordination untereinander, statt sich gegeneinander abzuschotten. Beteiligen kann sich an diesen in festen periodischen Abständen stattfindenden Konferenzen jedes interessierte Hochschulmitglied. Eine aktivierende Moderation muss sicherstellen, dass z. B. auch die Perspektiven der Sekretärinnen und studentischen Hilfskräfte zu Wort kommen.

Die Verbindlichkeit der Ergebnisse einer solchen Konferenz ist zunächst nicht über formale Verfahren gesichert. Sie wirkt also nur unter der Maßgabe, dass sich die vorhandenen Mitbestimmungsorgane in ihrer Arbeit freiwillig auf die Ergebnisse der gemeinsamen Mitbestimmungskonferenzen berufen. Die Annahme, dass die bereits vorhandenen Mitbestimmungsorgane dies auch tatsächlich tun, stützt sich auf die behauptete Krise der verfassten Mitbestimmung. Kurz, die Annahme ist, dass die verfassten Mitbestimmungsorgane selbst spüren, dass sie eine zusätzliche Legitimation brauchen, um angemessen arbeiten zu können. Die Mitbestimmungskonferenz würde diese wichtige zusätzliche Legitimationsgrundlage bieten. Wenn es entsprechende Voten der Mitbestimmungskonferenz gibt, werden sich die Mitbestimmungsorgane vermutlich häufiger trauen, ihre noch vorhandenen Vetopositionen und Mitbestimmungsrechte auch tatsächlich zu nutzen. Somit böten die Voten der Mitbestimmungskonferenz eine Argumentationsbasis, auf der z. B. der Personalrat eine Kooperation des Senats einfordern könnte oder die Gleichstellungsbeauftragte Forderungen an die Studierendenvertretung geltend machen könnte.

Die verfasste Mitbestimmung bekommt in dem Modell also eine zentrale kooperative Rolle zugewiesen, ohne direkte Beteiligungsmöglichkeiten zu verdrängen und ohne formale Mitbestimmungsrechte aufzugeben. Die formalen Gremien sind in dem Modell sogar unverzichtbar, um der zunächst nicht rechtlich abgesicherten Mitbestimmungskonferenz Verbindlichkeit zu verleihen – und zwar insbesondere dann, wenn keine Interessensparallelität mit der Hochschulleitung vorliegt. Die verfasste Mitbestimmung bekommt hier also eine zentrale Funktion zugewiesen.

Wie oben diskutiert, erwarten die als Experten tätigen Hochschulmitglieder, dass ihre Partizipation nicht nur direkt, sondern auch arbeitskontextnah erfolgt. Das beschriebene Verfahren muss also zusätzlich auch dichter an den jeweiligen Arbeitskontexten der Beschäftigten praktiziert werden. Für die vorhandenen Organe der verfassten Mitbestimmung ist gerade dies eine Chance. In kleinen Betriebs- bzw. Arbeitskontexten spielen sie bisher kaum eine Rolle, ferner entstehen seit Jahren immer mehr Querstrukturen wie Graduate-, Law- oder Medical Schools, Exzellenzcluster, Departments u. s. w., die regelmäßig zunächst keine Mitbestimmungsstrukturen für die Nicht-Professoren aufweisen. Personalrat, Fakultätsrat u. s. w. könnten für diese Kontexte gemeinsam zu runden Tischen bzw. – je nach Größe der Einheiten – Beteiligungsforen einladen. Wenn sich Erfolge auf dieser arbeitskontextnahen Ebene erzielen lassen, ist es vielleicht nicht mehr unrealistisch, auch eine Mitbestimmungskonferenz auf Hochschulebene zu versuchen.

Ein Beispiel, das Mut macht: Gleichstellungspolitik

Wer sich für demokratische und soziale Anliegen an Hochschulen einsetzt, kommt nicht umhin, die wegweisenden Erfolge der Gleichstellung von Männern und Frauen zur Kenntnis zu nehmen. Zwar waren 2007 noch immer nicht mehr als 11,9 % der C4/W3-Professuren mit Frauen besetzt. Allerdings hat sich der Professorinnenanteil innerhalb von etwa 12 Jahren verdoppelt.[141] Auch der Frauenanteil unter den Studierenden, Studienabschlüssen und Promotionen steigt bereits seit Jahrzehnten kontinuierlich an, im Fall der wissenschaftlichen und künstlerischen Mitarbeiter etwa von 16,4 % im Jahr 1980 (Westdeutschland) auf 37,7 % im Jahr 2007. Mit keinem anderen demokratischen und sozialen Anliegen wurden in jüngerer Zeit vergleichbar dynamische Erfolge erzielt.

Zu den Hintergründen gehört, dass sich Frauenbeauftragte und die Genderforschung bereits vor vielen Jahren konzeptionell in die Reform der Hochschulsteuerung eingebracht haben, außerdem wurden verschiedene geschlechterpolitische Interventionen im Konzept des *Gender-Mainstreaming* gebündelt. Das Konzept hat wenige Jahre später über

---

[141] 1995 bis 2007, einschl. folgender Angaben berechnet nach Statistisches Bundesamt 2008b und frühere Jahrgänge

EU-Vorgaben Verbindlichkeit gewonnen.[142] Konzeptionell bedeutet Gender Mainstreaming ein Verständnis von Gleichstellung als Strukturpolitik. Es bricht mit dem vorher verbreiteten Individualansatz, bei dem die Förderung einzelner Frauen im Zentrum stand. Die Gleichstellungspolitik setzt deshalb nicht mehr vorrangig auf Kontrollrechte bei Personalmaßnahmen über eine Frauenbeauftragte. Ein Nachteil der Beauftragten war nämlich, dass sie bezogen auf die gesamte Hochschule eine eher randständige Position hatte. Stattdessen definiert Gender Mainstreaming das Gleichstellungsanliegen zu einer Querschnittsaufgabe. Entsprechend wird die Zuständigkeit den Hochschulleitungen und Dekanaten bzw. dem Mainstream der Organisationsabläufe zugewiesen. Die Gleichstellungsbeauftragte begleitet dies allerdings weiter kritisch, sie vertraut also keinesfalls blind darauf, dass sich Rektorate plötzlich in Frauenrechtler verwandeln. Dazu benötigt die Gleichstellungsbeauftragte eine zentrale Position in den Informationsabläufen, die sie an zahlreichen Hochschulen inzwischen auch hat.

Wesentlich ist ferner, dass sich die gleichstellungspolitisch interessierten Gruppen und Einzelpersonen aktiv bemüht haben, das im Reformprozess vorherrschende Verständnis von Effizienz gleichstellungspolitisch zu erweitern.[143] Möglich ist dies, da der Begriff an sich unterbestimmt ist: Effizienz, also die Frage nach dem Verhältnis von Aufwand und Nutzen, macht genau genommen erforderlich, dass man erörtert, welcher Nutzen eigentlich gemeint ist. Für Gender Mainstreaming wurde deshalb nicht einfach das Effizienzverständnis der ökonomistisch geprägten Reformen übernommen. Stattdessen wurde für ein verändertes Verständnis gekämpft und letztlich neu definiert, was als effiziente Leistung von Hochschulen gelten solle. In dem gleichstellungspolitisch erweiterten Verständnis sind Hochschulen nur dann effizient bzw. bringen nur dann die höchste wissenschaftliche Qualität hervor, wenn sie auch gerecht mit den Leistungen von Frauen umgehen und das Begabungspotenzial der Frauen nicht verschwenden.

Diese Erweiterung des Effizienzverständnisses ist teilweise gelungen: Inzwischen tragen alle Hochschulgesetze ihren Hochschulen Geschlechtergerechtigkeit als Aufgabe auf. Erfolge bei der Gleichstellung sind in den meisten Ländern über die leistungsbezogene Mittelvergabe relevant und wirken sich meist auch innerhalb der Hochschulen direkt finanziell

[142] z. B. Metz-Göckel 2005
[143] Roloff 2008

aus.[144] Ferner sind sie ein häufiges Thema von internen und externen Zielvereinbarungen.[145]

Auch die demokratiefreundliche Reformbewegung der 1960er und 1970er hat demokratische Anliegen dadurch befördert, indem sie das Verständnis von Effizienz erweitert hat. Partizipation und Mitentscheidung galten der Reformbewegung als Vorbedingung und nicht als Hindernis von Effizienz. Diese zeitweilige Verbindung von demokratischen und technischen, effizienzorientierten Anliegen wurde bereits mehrfach als Erfolgsfaktor der Reformer identifiziert: Eine Koalition zwischen den an Demokratie und Effizienz interessierten Gruppen biete die besten Chancen für emanzipationsförderliche Reformen.[146] Wie oben im Abschnitt zur „Mitbestimmungskonferenz" diskutiert, lässt sich eine solche Verbindung auf theoretischer Ebene über das Konzept der Wissensgesellschaft herstellen.

Partizipation Mainstreaming und Partizipation Index

Der Vorschlag des Partizipation Mainstreaming stellt die Umsetzung in Organisationsstrukturen in den Vordergrund. Partizipation Mainstreaming steht dabei nicht in Konkurrenz zu Gender Mainstreaming, sondern orientiert sich an dessen Vorbild.

Sich vorzustellen, wie ein eingeführtes Partizipation Mainstreaming aussehen könnte, ist vergleichsweise einfach: Partizipation würde als strukturelle Aufgabe aufgefasst, die auch gesetzlich den Hochschulen und damit zunächst deren Leitungen aufgetragen ist. Den verfassten Mitbestimmungsorganen käme die Funktion zu, die Erfüllung dieser Aufgabe durch die Präsidien und Dekanate zu kontrollieren, aber auch die konkrete Ausgestaltung zu begleiten und inhaltlich zu füllen. Um diese Aufgabe erfüllen zu können, müssten Vertreter des Partizipationsanliegens u. a. ein Rede- und Teilnahmerecht zu den Sitzungen von Präsidium und Hochschulrat erhalten. Hochschulen mit Partizipation Mainstreaming würden Beteiligungskonzepte formulieren, in denen sie darlegen, wie sie eine umfassende Partizipation sicherstellen und wie sie dabei externe gesellschaftliche Interessen und Anliegen berücksichtigen. Ein Partizipationskonzept würde künftig auch für große Projektanträge und Wettbewerbe nachgefragt. In einen Antrag auf Einrichtung eines Sonderforschungsbereichs der DFG würden dann einige Zeilen gehören, in denen dargelegt

---

[144] Friedrichsmeier 2003: 13, 16-17, Jaeger et al. 2005: 21-22

[145] König et al. 2007: 77-78, Jaeger et al. 2005: 31

[146] Bultmann/Weitkamp 1999: 77-84, Pasternack 2006b: 38-40, 47-49

wird, wie ein moderner Partizipationsansatz den Wissensaustausch im Projekt befördern soll.

Von der gegenwärtigen Hochschulwirklichkeit sind solche Ideen noch weit entfernt. Bemerkenswerter Weise überträgt das bremische Hochschulgesetz allerdings schon heute dem Rektor die Aufgabe, für die Beteiligung des Personalrats zu sorgen.

Als ein erster Schritt in Richtung Partizipation Mainstreaming bietet sich deshalb an, bei dem bereits zitierten „Trust in Numbers" anzusetzen. Dazu müsste ein Partizipation Index erstellt werden, der die verschiedenen Partizipationsmöglichkeiten einer Hochschule in einer Ziffer zusammenfasst. Der Index würde eine Vergleichbarkeit mit anderen Hochschulen, auch im Ausland, herstellen.

Eine ähnliche Strategie spielt übrigens auch für Gender Mainstreaming eine Rolle: Damit die Hochschulleitung Geschlechterfragen berücksichtigt, soll sie regelmäßig Zahlen zur Geschlechtersituation auswerten und bei geplanten Maßnahmen kalkulieren, wie diese die Geschlechtergerechtigkeit betreffen würden. Gegenüber einer breiteren Öffentlichkeit spielt der Einsatz von Zahlen eine noch größere Rolle, was wiederum wichtig ist, da der Erfolg von Gender Mainstreaming damit zusammenhängt, dass es über Gesetze und die Politik gestützt wird. Wenn es gelingt, einer Unausgewogenheit ein übersichtliches, greifbares Zahlengesicht geben, wird es leichter, die Bekämpfung dieser Unausgewogenheit als politisches Ziel zu verankern. Ein Beispiel ist die politische Rezeption der Berechnungen, wie viel weniger Frauen als Männer für ihre Arbeit verdienen. Wenn zudem Vergleichsmöglichkeiten hergestellt werden – etwa dass die Lage in anderen Ländern besser ist – können solche Zahlen politisch wirksam werden. Die Idee, mit einem geeigneten Index politische Anliegen zu befördern, verfolgt auch der DGB-Index Gute Arbeit.[147]

Die Konzeption eines Partizipation Indexes und erste Messungen mit diesem Instrument könnten die komplexe Thematik der Partizipation und Mitbestimmung an einer Hochschule in komprimierter Form gegenüber einer erweiterten Öffentlichkeit kommunizieren. Für einen solchen Index sollten die Analysedimensionen Formen, Intensitäten, Inhalte und Akteure[148] berücksichtigt werden, also neue Partizipationsformen und die in Abbildung 2 unterschiedenen Mitbestimmungsdimensionen sowie die tatsächliche Beteiligung (vgl. oben zur sozialen Basis der Mitbestimmung).

---

[147] DGB-Index Gute Arbeit GmbH 2008

[148] Ittermann 2009: 26-27

Literatur

Beck, Ulrich (1986): Risikogesellschaft: Auf dem Weg in eine andere Moderne. Frankfurt a. M., Suhrkamp.

Beck, Ulrich (1999): Schöne neue Arbeitswelt – Vision: Weltbürgergesellschaft. Frankfurt a. M., Campus.

Biebeler, Hendrik/Lesch, Hagen (2006): Mitgliederstruktur der Gewerkschaften in Deutschland. In: IW-Trends – Vierteljahresschrift zur empirischen Wirtschaftsforschung aus dem Institut der deutschen Wirtschaft, 33. Jg. (4/2006).

Birnbaum, Robert (2001): Management Fads in Higher Education. Where They Come Frome, What They Do, Why They Fail. San Francisco, Jossey-Bass.

Blühdorn, Ingolfur (2006): Billig will Ich: Post-demokratische Wende und simulative Demokratie. In: Forschungsjournal Neue Soziale Bewegungen. Jg. (4/2006), S. 72-83.

Bourdieu, Pierre (1992): Homo academicus. Frankfurt a. M., Suhrkamp.

Breisig, Thomas (2001): Entlohnen und Führen mit Zielvereinbarungen: Orientierungs- und Gestaltungshilfen für Betriebs- und Personalräte sowie für Personalverantwortliche. 2. Aufl. Frankfurt a. M., Bund.

Breitbach, Michael (2007): Partizipation in Hochschulen – eine neue Herausforderung der jüngeren Hochschulreform [Langfassung]. Gießen.

Breitbach, Michael (2009): Partizipation in Hochschulen – eine neue Herausforderung der jüngeren Hochschulreform, http://www.academics.de/wissenschaft/partizipation_in_hochschulen_eine_neue_herausforderung_der_juengeren_hochschulreform_36183.html. Gießen.

Bultmann, Torsten/Weitkamp, Rolf (1999): Hochschule in der Ökonomie. Zwischen Humboldt und Standort Deutschland. Marburg, BdWi.

Bundesverfassungsgericht [Hrsg.] (1974): Entscheidungen des Bundesverfassungsgerichts (BVerfGE), Bd. 35, Tübingen, Mohr.

Bündnis 90-Die Grünen/SPD Baden-Württemberg (2011): Der Wechsel beginnt. Koalitionsvertrag zwischen BÜNDNIS 90/DIE GRÜNEN und der SPD Baden-Württemberg. Baden-Württemberg 2011 - 2016, http://www.gruene-bw.de/fileadmin/gruenebw/dateien/Koalitionsvertrag-web.pdf. Stuttgart.

Clark, Burton R. (1983): The Higher Education System: Academic Organization in Cross-National Perspective. Berkeley, University of California Press.

Cobban, Alan B. (1975): The Medieval Universities: Their Development and Organization. London, Methuen.

Crouch, Colin (2004): Post-democracy. Cambridge, Polity Press.

DGB-Index Gute Arbeit GmbH [Hrsg.] (2008): DGB-Index Gute Arbeit 2008. Wie die Beschäftigten die Arbeitswelt in Deutschland beurteilen, Berlin.

Dörre, Klaus/Neis, Matthias (2008): Geduldige Prekarier? Unsicherheit als Wegbegleiter wissenschaftlicher Karrieren. In: Forschung & Lehre, 15. Jg. (10/08), S. 672-674.

Foucault, Michel (1997): Die Ordnung des Diskurses. [L'ordre du discours]. Frankfurt a. M., Fischer.

Freimuth, Joachim (2000): Moderation in der Hochschule: Konzepte und Erfahrungen in der Hochschullehre und Hochschulentwicklung. Hamburg, Windmühle.

Friedrichsmeier, Andres (2003): Leistungsbezogene Mittelverteilung als Element von Hochschulentwicklung. anstöße – Broschüre des ver.di Fachbereichs Bildung, Wissenschaft und Forschung. Berlin.

Friedrichsmeier, Andres (2009): Neue Steuerung und das Expertenwissen der Selbstorganisation. Wie Managementinstrumente an Universitäten auf der Fächerebene wirken [zugl. Diss. TU Dortmund, FB 12, unvöff.].

Friedrichsmeier, Andres/Wannöffel, Manfred (2010): Mitbestimmung und Partizipation. Das Management von demokratischer Beteiligung und Interessenvertretung an deutschen Hochschulen. [Arbeitspapier 203], http://www.boeckler.de/pdf/p_arbp_203.pdf [Zugriff 22. 5. 2011]. Düsseldorf, Hans-Böckler-Stiftung.

GEW (2009): Wissenschaftspolitisches Programm der GEW. Wissenschaft demokratisieren, Hochschulen öffnen, Qualität von Forschung und Lehre entwickeln, Arbeits- und Studienbedingungen verbessern. Beschluss 3.26, GEW-Gewerkschaftstag 25.-29. 4. 2009. Nürnberg, http://www.gew-gewerkschaftstag.de/3._Bildungspolitik_4.page [Zugriff 1. 5. 2009].

Greim, Diana (2006): Personalrechtliche Interessensvertretung für das „akademische Subproletariat“. In: Kremberg, Bettina [Hrsg.]: Mitbestimmung und Hochschule, Aachen, Shaker. S. 107-117.

Groof, Jan de/Neave, Guy/Švec, Juraj (1998): Democracy and governance in higher education. [Legislating for higher education in Europe; 2]. Den Haag, Kluwer.

Grühn, Dieter/Hecht, Heidemarie/Rubelt, Jürgen/Schmidt, Boris (2009): Der wissenschaftliche „Mittelbau“ an deutschen Hochschulen. Zwischen Karriereaussichten und Abbruchtendenzen. [anstöße Campus der Zukunft]. Berlin, ver.di Fachbereich Bildung, Wissenschaft und Forschung.

Grüning, Gernod (2000): Grundlagen des New-Public-Management: Entwicklung, theoretischer Hintergrund und wissenschaftliche Bedeutung des New-Public-Management aus Sicht der politisch-administrativen Wissenschaften der USA. [Management-Wissen aktuell; Bd. 2]. Münster, Lit.

Institut für Regionalforschung [Hrsg.] (2007): Prekäre Hochschulkarrieren? Zwei Beiträge zur Beschäftigungssituation des wissenschaftlichen Nachwuchses; regionale trends, Heft 19, Göttingen, IfR.

Ittermann, Peter (2009): Betriebliche Partizipation in Unternehmen der Neuen Medien. Innovative Formen der Beteiligung auf dem Prüfstand. Frankfurt a. M., Campus.

Jaeger, Michael/Leszczensky, Michael/Orr, Dominic/Schwarzenberger, Astrid (2005): Formelgebundene Mittelvergabe und Zielvereinbarungen als Instrumente der Budgetierung an deutschen Universitäten: Ergebnisse einer bundesweiten Befragung. [HIS-Kurzinformation A13/2005], http://www.his.de/pdf/pub_kia/kia200513.pdf. Hannover, HIS.

Keller, Andreas (2000): Hochschulreform und Hochschulrevolte – Selbstverwaltung und Mitbestimmung in der Ordinarienuniversität, der Gruppenhochschule und der Hochschule des 21. Jahrhunderts. [Reihe Hochschule ; 4]. Marburg, BdWi-Verl.

KGSt, Kommunale Gemeinschaftsstelle für Verwaltungsvereinfachung (1993): Das Neue Steuerungsmodell: Begründung, Konturen, Umsetzung. KGSt-Bericht Nr. 5/1993. Köln.

KGSt, Kommunale Gemeinschaftsstelle für Verwaltungsvereinfachung (1998): Kontraktmanagement: Steuerung durch Zielvereinbarungen. KGSt-Bericht Nr. 4/1998. Köln.

Kluth, Winfried (2004): Verfassungsrechtliche Vorgaben für das Verwaltungsorganisationsrecht. In: Stober, Rolf/Kluth, Winfried/Müller, Martin [Hrsg.]: Verwaltungsrecht: Band 3. 5. Aufl., München, C.H. Beck. S. 100-174.

König, Karsten/Anger, Yvonne/Franz, Anja/Keune, Denis/Pieper, Wolfgang/Ponier, Lydia/Trautwein, Peggy (2007): Kooperation wagen. 10 Jahre Hochschulsteuerung durch vertragsförmige Vereinbarungen. [HoF-Arbeitsberichte 1/07]. Wittenberg, HoF.

Kossens, Michael (2002): Die Konsequenzen für das Personalvertretungsrecht nach dem Beschluss des BVerfG zum Schleswig-Holsteinischen Mitbestimmungsrecht: Die Typisierung von Beteiligungstatbeständen, http://deposit.ddb.de/cgi-bin/dokserv?idn=965569705&dok_var=d1&dok_ext=pdf&filename=965569705.pdf [Zugriff 20. 4. 2009]. Bremen.

Kreckel, Reinhard (2004): Vielfalt als Stärke. Anstöße zur Hochschulpolitik und Hochschulforschung. Bonn, Lemmens.

Krücken, Georg/Blümel, Albrecht/Kloke, Katharina (2009): Towards Organizational Actorhood of Universities. Occupational and Organizational Change within German University Administration. [FÖV-Discussion Papers; 48], http://www.foev-speyer.de/hochschulprofessionalisierung/pdfs/Foev-DiscussionPaper.pdf [Zugriff 22. 5. 2011]. Speyer, FÖV.

Kühl, Stefan (2011): Spezifikationen zum Sudoku-Effekt. Überlegungen zur Komplexitätssteigerung in den Bologna-Studiengängen; Working Paper 7/2011. Bielefeld, http://www.uni-bielefeld.de/soz/forschung/orgsoz/Stefan_Kuehl/pdf/Working-Paper-7-2011-Kuehl-Sudoku-Effekt-mit-Einleitung-110416.pdf [Zugriff 1. 8. 2011].

Lanzendorf, Ute (2006): Neue Governance an Hochschulen – Mitbestimmung und Management als neue Partner? In: Kremberg, Bettina [Hrsg.]: Mitbestimmung und Hochschule, Aachen, Shaker. S. 25-43.

Laux, Eberhard (1998): Privatwirtschaftliche Vorbilder für den öffentlichen Sektor? In: Edeling, Thomas/Jann, Werner/Wagner, Dieter [Hrsg.]: Öffentliches und privates Management. Fundamentally alike in all unimportant respects?, Opladen, Leske+Budrich. S. 71-78.

Leszczensky, Michael/Orr, Dominic/Schwarzenberger, Astrid/Weitz, Birgitta (2004): Staatliche Hochschulsteuerung durch Budgetierung und Qualitätssicherung: Ausgewählte OECD-Länder im Vergleich. [Hochschulplanung; 167]. Hannover, HIS.

Marginson, Simon (2007): Five Somersaults in Enschede: Rethinking Public/Private in Higher Education for the Global Era. In: Enders, Jürgen/Jongbloed, Ben [Hrsg.]: Public-Private Dynamics in Higher Education. Expectations, Developments and Outcomes, Bielefeld, transcript. S. 187-219.

Metz-Göckel, Sigrid (2005): Bewegte Politik – fünfundzwanzig Jahre feministische Frauenhochschulpolitik des Arbeitskreises Wissenschaftlerinnen NRW. In: Beiträge zur feministischen Theorie und Praxis, 28. Jg. (66/67), S. 87-102.

Meyer-Renschhausen, Elisabeth (2009): »Verschrottung des Mittelbaus« – Vom Umgang mit den Privatdozenten als Symptom neuer Intellektuellenfeindlichkeit. In: Bultmann, Thorsten [Hrsg.]: Prekarisierung der Wissenschaft, Berlin, dietz. S. 41-52.

Meyer, Thomas (2003): Die Theatralität von Politik in der Mediendemokratie. In: Aus Politik und Zeitgeschichte. Jg. (53/2003), S. 12-19.

Mintzberg, Henry (1979): The Structuring of Organizations. A Synthesis of the Research. Eaglewood Cliffs, Prentice-Hall.

Müller-Jentsch, Walther (1997): Soziologie der Industriellen Beziehungen. Eine Einführung. 2. Aufl. Aufl. Frankfurt a. M., Campus.

Müller-Jentsch, Walther (2006): Mitbestimmung im Spannungsfeld von sozialer und ökonomischer Rationalität. In: Kremberg, Bettina [Hrsg.]: Mitbestimmung und Hochschule, Aachen, Shaker. S. 11-22.

Müller, Hans-Georg (2009): Wissenschaftlich Beschäftigte als Verlierer der Hochschulreformen. Die Prekarisierung der Beschäftigungsverhältnisse des wissenschaftlichen MIttelbaus am Beispiel Nordrhein-Westfalen. In: Kellermann, Paul/Boni, Manfred/Meyer-Renschhausen, Elisabeth [Hrsg.]: Zur Kritik europäischer Hochschulpolitik: Forschung und Lehre unter Kuratel betriebswirtschaftlicher Denkmuster, Wiesbaden, VS. S. 205-215.

Münch, Richard (2007): Die akademische Elite. Zur sozialen Konstruktion wissenschaftlicher Exzellenz. Frankfurt a. M., Suhrkamp.

Münch, Richard/Pechmann, Max (2009): Der Kampf um Sichtbarkeit. Zur Kolonisierung des wissenschaftsinternen Wettbewerbs durch wissenschaftsexterne Exaluationsverfahren. In: Bogumil, Jörg/Heinze, Rolf G. [Hrsg.]: Neue Steuerung von Hochschulen. Eine Zwischenbilanz, Berlin, edition sigma. S. 67-92.

Nickel, Sigrun (2007): Partizipatives Management von Universitäten. Zielvereinbarungen, Leitungsstukturen, Staatliche Steuerung. Mering, Rainer Hampp.

Nowotny, Helga/Scott, Peter/Gibbons, Michael (2004): Wissenschaft neu denken: Wissen und Öffentlichkeit in einem Zeitalter der Ungewißheit. [Re-thinking science]. Weilerswist, Velbrück.

NRWSPD/Bündnis 90-Die Grünen (2010): Nordrhein-Westfalen 2010 - 2015: Gemeinsam neue Wege gehen. Koalitionsvertrag zwischen der NRWSPD und Bündnis 90 / Die Grünen NRW, http://www.gruene-nrw.de/ fileadmin/user_upload/landesverband/gruene-nrw/aktuelles/2010/koalitionsvertrag/Koalitionsvertrag_Rot-Gruen_NRW_2010-2015.pdf. Düsseldorf.

OECD, Organisation of Economic Cooperation and Development [Hrsg.] (2008): Tertiary Education for the Knowledge Society, Volume 1. Special Features: Governance, Fundings, Quality, Paris, OECD.

Offe, Claus (2003): Reformbedarf und Reformoptionen der Demokratie. In: Offe, Claus/Abromeit, Heidrun/Benz, Arthur/Beyme, Klaus von [Hrsg.]: Demokratisierung der Demokratie. Diagnosen und Reformvorschläge, Frankfurt a. M., Campus. S. 9-24.

Pasternack, Peer (2006a): Hochschulflexibilisierung und Mitbestimmung. In: Kremberg, Bettina [Hrsg.]: Mitbestimmung und Hochschule, Aachen, Shaker. S. 155-172.

Pasternack, Peer (2006b): Qualität als Hochschulpolitik? Leistungsfähigkeit und Grenzen eines Policy-Ansatzes. Bonn, Lemmens.

Roloff, Christine (2008): Geschlechtergerechtigkeit als Reformstrategie oder: Gleichstellung als Teil der Hochschulreform. In: Zimmermann, Karin/Kamphans, Marion/Metz-Göckel, Sigrid [Hrsg.]: Perspektiven der Hochschulforschung, Wiesbaden, VS. S. 310-329.

Scharpf, Fritz W. (2005): Legitimationskonzepte jenseits des Nationalstaats. In: Schuppert, Gunnar Folke [Hrsg.]: Europawissenschaft, Baden-Baden, Nomos. S. 705-741.

Schimank, Uwe (2001): Festgefahrene Gemischtwarenläden. Die deutschen Hochschulen als erfolgreich scheiternde Organisationen. In: Stölting, Erhard/Schimank, Uwe [Hrsg.]: Die Krise der Universitäten. Leviathan Sonderheft 20/2001, Wiesbaden, Westdeutscher Verlag. S. 223-242.

Schimank, Uwe/Meyer, Frank (2010): Mission Now Possible: Profile Building and Leadership in German Universities. In: Whitley, Richard/Gläser, Jochen/Engwall, Lars [Hrsg.]: Reconfiguring Knowledge Production. Changing Authority Relationships in the Sciences and Their Consequences for Intellectual Innovation, Oxford, Oxford University Press. S. 211-236.

Schwan, Gesine (2009): Bildung ist mehr als Aufstieg und Effizienz. In: Frankfurter Rundschau. Jg. (9./10. 4. 2009), http://www.fr-online.de/top_news/?em_cnt= 1715502&em_cnt_page=1 [Zugriff 1. 5. 2009].

Sehrbrock, Ingrid (2009): Bologna darf nicht scheitern – für eine Korrektur der Studienreform in Deutschland. Offener Brief an die Bundeskanzlerin, 23. 4. 2009. Berlin, http://www.dgb.de/themen/themen_a_z/abisz_doks/b/ offener_brief_ sehrbrock_bologna_folge.pdf/ [Zugriff 1. 5. 2009].

Sennett, Richard (2005): Die Kultur des neuen Kapitalismus. [The Culture of the New Capitalism]. 2. Aufl. Berlin, Berlin Verlag.

Stagge, Carsten (2000): Kooperative Wege der Hochschulentwicklung: Moderationsmethode als Beteiligungsplacebo? In: Hanft, Anke [Hrsg.]: Hochschulen managen? Zur Reformierbarkeit der Hochschulen nach Managementprinzipien, Neuwied, Luchterhand. S. 191-121.

Statistisches Bundesamt [Hrsg.] (2008a): Datenreport 2008. Ein Sozialbericht für die Bundesrepublik Deutschland, Bonn, Bundeszentrale für politische Bildung.

Statistisches Bundesamt [Hrsg.] (2008b): Fachserie 11 / Reihe 4.4 Bildung und Kultur: Personal an Hochschulen: 2007, Wiesbaden, Statistisches Bundesamt.

Statistisches Bundesamt [Hrsg.] (2011a): Fachserie 11 / Reihe 4.1 Bildung und Kultur: Studierende an Hochschulen: Wintersemester 2010/2011 Vorbericht, Wiesbaden, Statistisches Bundesamt.

Statistisches Bundesamt [Hrsg.] (2011b): Fachserie 11 / Reihe 4.3.1. Bildung und Kultur: Nichtmonetäre hochschulstatistische Kennzahlen: 1980 - 2009, Wiesbaden, Statistisches Bundesamt.

Statistisches Bundesamt [Hrsg.] (2011c): Fachserie 11 / Reihe 4.4 Bildung und Kultur: Personal an Hochschulen: 2010 Vorläufige Ergebnisse, Wiesbaden, Statistisches Bundesamt.

Statistisches Bundesamt [Hrsg.] (2011d): Fachserie 11 / Reihe 4.5 Bildung und Kultur: Finanzen der Hochschulen: 2009, Wiesbaden, Statistisches Bundesamt.

Stifterverband für die Deutsche Wissenschaft [Hrsg.] (2002): Qualität durch Wettbewerb und Autonomie. Landeshochschulgesetze im Vergleich. Positionen August 2002, Essen, Stifterverband.

Stifterverband für die Deutsche Wissenschaft/Erhardt, Manfred/Meyer-Guckel, Volker/Winde, Mathias [Hrsg.] (2008): Leitlinien für die deregulierte Hochschule. Kodex guter Führung. Positionen des Stifterverbands für die Deutsche Wissenschaft, 2. Aufl. Aufl., Essen, Stifterverband/Heinz Nixdorf Stiftung.

Stiglitz, Joseph E. (1999): Knowledge as a Global Public Good. In: Kaul, Inge/Grunberg, Isabelle/Stern, Marc A. [Hrsg.]: Global Public Goods: International Cooperation in the 21st Century, New York, Oxford University Press. S. 308-325.

Tondorf, Karin/Bahnmüller, Reinhard/Klages, Helmut (2002): Steuerung durch Zielvereinbarungen: Anwendungspraxis, Probleme, Gestaltungsüberlegungen. [Modernisierung des öffentlichen Sektors, Sonderband 17]. Berlin, edition sigma.

Treiber, Magnus (2009): »Streik« – Ein Lehrbeauftragter resümiert Erfahrungen. In: Bultmann, Thorsten [Hrsg.]: Prekarisierung der Wissenschaft, Berlin, dietz. S. 59-63.

Völker, Rainer/Kasper, Eric (2004): Interne Märkte in Forschung und Entwicklung. Heidelberg, Physica.

Weber, Max (1918): Parlament und Regierung im neugeordneten Deutschland: Zur politischen Kritik des Beamtentums und Parteiwesens. München, Duncker und Humblot.

Weber, Max (2002): Wirtschaft und Gesellschaft: Grundriß der verstehenden Soziologie. 5. Aufl. Thübingen, Mohr.

Willey, Richard J. (1971): Die Wirkung wirtschaftlichen Wandels auf den organisationsgrad der DGB-Gewerkschaften. In: Gewerkschaftliche Monatshefte. Jg. (2), S. 83-87.

Wolf, Harald (2003): Partizipatives Management - was bleibt? Expertise für die Hans-Böckler-Stiftung. Göttingen, http://www.sofi-goettingen.de/fileadmin/Harald_Wolf/Material/Wolf_Partizipatives_Management.pdf [Zugriff 1. 8. 2011].

Wolter, Andreä/Dörre, Klaus/Banscherus, Ulf/Neis, Mathias (2009): Thesenpapier zum Vortrag: Vorschläge zur Ausgestaltung der Arbeitsbeziehungen und Partizipationsmöglichkeiten der Beschäftigten an Hochschulen. Berlin, http://www.fes.de/wiso/pdf/dienstleistung/2009/260309/thesenpapier_doerre.pdf.

Ziegele, Frank (2006): Erfolgreich verhandeln. Bedingungen effizienter Zielvereinbarungen. In: die hochschule, 15. Jg. (2/2006), S. 18-33.

Mitbestimmung, Selbstverwaltung, Partizipation

Wolfgang Eppler

Einleitung

Der Begriff „Partizipation" ist nicht genau definiert. In letzter Zeit wird der Begriff oft mit einer wie auch immer gearteten Bürgerbeteiligung gleichgesetzt. Mit am besten ausgearbeitet ist die Partizipation in der Entwicklungszusammenarbeit. In Unternehmen entspricht Partizipation der Teilhabe der Beschäftigten an Entscheidungen und an der verantwortungsvollen Übernahme von Aufgaben. Partizipation ist also unscharf definiert. Es können folgende Bedeutungen, wahrscheinlich noch einige mehr, gefunden werden:

- In der Politik: Bürgerbeteiligung, direkte Demokratie, wie die Diskussion um Stuttgart 21 oder die Bürgerbeteiligung in der Schweiz[149]
- In der Entwicklungszusammenarbeit, viele Methoden, z.B. Akteursanalyse[150]
- In Großforschungseinrichtungen: Leitlinien 1971 mit wissenschaftlicher Mitbestimmung[151]
- In der Hochschule: Friedrichsmeier, Wannöffel: Mitbestimmung und Partizipation: Partizipationsindex[152]
- Im Folgenden wird der Partizipationsbegriff für Unternehmen, hier insbesondere für Wissenschaftseinrichtungen, näher eingegrenzt und ausgearbeitet.

Weitere Abgrenzungen der Partizipation

- Ein immer wiederkehrendes Thema bei der Beschäftigung mit Partizipation ist ihre Abgrenzung zur Mitbestimmung. Weitere Abgrenzungen und Unterscheidungen sind wichtig:
- Unterscheidung in der Beteiligung der Beschäftigten
- Repräsentative Beteiligung: Personalrat - gewählte Mitglieder vertreten die Beschäftigten

---

[149] z.B. http://de.wikipedia.org/wiki/Direkte_Demokratie

[150] www.partizipation.at

[151] http://hikwww1.fzk.de/br/content/mitbestimmung/Leitlinien1970.pdf

[152] www.boeckler.de/pdf/p_arbp_203.pdf

- Direkte Beteiligung: Partizipation - wer sich engagieren möchte, muss sich selber darum kümmern
- Unterscheidung in der Kompetenz
- Konsultation (Beratung)
- Delegation (Übertragung von Entscheidungskompetenz)
- Unterscheidung in der Wissenschaft:
- Selbstverwaltung – oder auch Mitgliedsorganisation; die Mitglieder bilden Gruppen, die in Mitbestimmungsgremien Vertreter entsenden und dort die Interessen ihrer Gruppe vertreten; harmoniert gut mit Partizipation, da sie die Selbstverwaltung ergänzt und verstärkt
- Arbeitsorganisation – Struktur von privaten/öffentlichen Unternehmen/Einrichtungen, die als Mitbestimmungsorgan den Betriebsrat/Personalrat vorsehen; harmoniert dann nicht mit Partizipation, wenn informelle Rechte der Partizipation formelle und rechtlich abgesicherte Mitbestimmungstatbestände (im Betriebsverfassungsgesetz bzw. den Personalvertretungsgesetzen) ersetzen sollen

Arbeitsorganisation (von oben)

Die zuletzt genannte Unterscheidung Mitgliedsorganisation-Arbeitsorganisation wird weiter untersucht. Eine Wissenschaftseinrichtung beinhaltet beides gleichzeitig: Arbeitsorganisation und Mitgliedsorganisation. Die Arbeitsorganisation kennt abgestufte Mitbestimmungsrechte des Personalrat bzw. Betriebsrats:

- Mitbestimmung
    - z.B. bei sozialen oder personellen Maßnahmen
    - im Konfliktfall (letztentscheidende) Einigungsstelle
- Mitwirkung
    - z.B. bei organisatorischen Maßnahmen
    - im Konfliktfall Letztentscheid der Dienststelle/ des Arbeitgebers (unterschiedliche Verfahren für Betriebsrat/Personalrat und Abhängigkeit der Einrichtung von Zuständigkeit des Ministeriums)
- Anhörung oder Information
    - z.B. bei wirtschaftlichen Maßnahmen
    - im Konfliktfall setzt sich Arbeitgeber durch, fehlende Information einklagbar, falls nicht rechtzeitig und umfassend

Mitgliedsorganisation (von unten)

Die Beteiligung der Mitglieder an Entscheidungen einer Organisation sieht unterschiedlich aus, je nachdem, ob es sich um eine Hochschule handelt oder eine außeruniversitäre Forschungseinrichtung (KIT ist beides).

- Wissenschaftliche Selbstverwaltung (der Hochschule)
    - z.B. bei Satzungen oder Änderung von Studiengängen
    - Gruppen der Studenten, Akademischen Mitarbeiter(innen), Beschäftigte in Verwaltung und Technik, Professoren
- Wissenschaftliche Mitbestimmung (der Großforschungseinrichtung)
    - z.B. bei Änderung der Institute oder Großforschungsaufgaben
    - Institutsversammlungen, Institutsleitungsausschüsse

Im KIT wurden die beiden Beteiligungsformen zunächst als unterschiedliche Formen für dieselbe Sache angesehen, wobei meist die stärkeren Mitwirkungsrechte der Wissenschaftlichen Mitbestimmung gesehen wurden. Nach zwei Jahren intensiven Zusammenarbeitens kann diese Sicht nicht mehr aufrecht erhalten werden. Ein Grund dafür liegt darin, dass eine Großforschungseinrichtung mit ihrer Ausrichtung und Struktur zwischen Hochschuleinrichtung und Wirtschaftsunternehmen angesiedelt ist.

Die programmorientierte Forschung im Großforschungsbereich ist wegen forschungspolitischer Vorgaben nicht so frei wie die Forschung der Hochschulen. Es werden im Gegensatz zu den Hochschulen strategische Interessen verfolgt, die der langfristigen staatlichen Vorsorgeforschung zur Erfüllung von Gemeinwohlaufgaben genügen müssen. Aufgrund der langfristigen Forschung und dem wegen der Großprojekte hohen Infrastrukturanteil sind die wissenschaftlichen Mitarbeiter vorwiegend unbefristet beschäftigt. Eine Karriere in der Großforschung ist wesentlich besser zu planen als an der Universität, da dort meist nicht nur vorübergehend ein einem Projekt kurzer Laufzeit gearbeitet wird. Für diese Mitarbeiter muss genauso eine Personalvertretung zuständig sein wie für die Mitarbeiter der Infrastruktur. Das Sozialstaatsprinzip kann für diese Personengruppe nicht so stark zu Gunsten der Wissenschaftsfreiheit vernachlässigt werden, wie es für die akademischen Mitarbeiter(innen) im Hochschulbereich getan wird. Die typische Laufbahn eines akademischen Mitarbeiters geht folgendermaßen: Student(in) - Doktorand(in) - Postdoc. Danach verlassen die meisten die Hochschule, einige wenige bleiben für die Habilitation. Im Großforschungsbereich kommt diese Laufbahn wesentlich seltener vor. Ein großer Teil der wissenschaftlichen Mitarbeiter arbeitet nicht dafür, die nächste Qualifikationsstufe zu erreichen, sondern arbeitet in einem wissenschaftlich interessanten Projekt mit. Es ist daher kein historischer

Zufall, dass die Mitbestimmungsrechte des Betriebsrats des ehemaligen Forschungszentrum Karlsruhe stringenter waren als die des Personalrats der damaligen Universität. Es gibt Institutsleitungsausschüsse, in denen genauso viele gewählte Mitglieder des Instituts vertreten sind wie gesetzte (üblicherweise Institutsleitung und Abteilungs- oder Fachbereichsleiter). Ein Institutsleitungsausschuss berät den Institutsleiter. Eine Institutsversammlung findet meist zweimal pro Jahr statt. Die Leitung wird gewählt. Informativer Hauptteil ist meist der Bericht der Institutsleitung. Entsprechend seiner Größe wählt jedes Institut alle vier Jahre Delegierte für die regelmäßig stattfindende Delegiertenversammlung. Die Mitglieder der Delegiertenversammlung bilden gleichzeitig die Kandidaten des Großforschungsbereichs für die Wahl des Senats. Themen der Mitbestimmung betreffen oft Umstrukturierungsmaßnahmen und die Verteilung von und der Umgang mit Finanzmitteln.

Ein typisches Institut des Universitätsbereichs weist nur wenige permanente Beschäftigte auf: den Institutsleiter, oft einen Akademischer Rat, einige wenige Beschäftigte für Sekretariat, Computeradministration und eventuell eine Werkstatt. Der größere Teil der Beschäftigten sind (Post-)Doktoranden. Sie betreffende Entscheidungen werden fast immer in Zweiergesprächen mit dem Institutsleiter geklärt. Ansonsten werden im Wesentlichen die Wissenschaftler in informellen Besprechungen in fachliche Entscheidungen und Arbeitsaufteilung bezüglich Lehre, Forschung und Projektarbeit einbezogen. Im Fakultätsrat sind die vier Beschäftigtengruppen Professoren, akademische Mitarbeiter, Studenten sowie Verwaltungsangestellte und Techniker mit absteigendem Gewicht in dieser Reihenfolge vertreten – mit einer Mehrheit der Professoren. Themen der Selbstverwaltung kommen hauptsächlich aus der Lehre (Berufungsverfahren, Prüfungsordnungen) und betreffen Stellungnahmen zu Struktur und Finanzen.

Partizipation (der Beschäftigten)

Wenn die oben genannten zwei Organisationsformen mit ihrer jeweiligen Mitbestimmung bzw. Selbstverwaltung etabliert sind, fragt sich, warum weitere Beteiligungsformen, wie die Partizipation, ins Spiel gebracht werden. Dies liegt einerseits an der fehlenden Durchgängigkeit der bisherigen Mitbestimmungsmöglichkeiten, andererseits an der Ausweitung des Mitbestimmungsbegriffs, ausgehend von der Miteinbeziehung bei Entscheidungen hin zur Übernahme von Verantwortung bei der Delegation von Aufgaben. Die bisherigen Mitbestimmungsweisen sind im Wesentlichen repräsentativ, d.h. gewählte Vertreter setzen sich für ihre Gruppe ein (Gruppenuniversität) oder Beschäftigtenvertreter (Personalrat, Betriebsrat) setzen sich für ihre Klientel ein. Diese repräsentative Mitbestimmung darf durch die eher informelle und direkte, d.h. nicht repräsentative Partizipation nicht geschmälert werden. Partizipation ist kein Ersatz dafür. Sie darf ausschließlich ergänzend hinzutreten. Dies geschieht bereits jetzt immer wieder, ohne dass sie formal eingeführt wurde, nicht nur auf der fachlichen Arbeitsebene von Wissenschaftlern und Technikern, sondern auch beispielsweise auf der Ebene des betrieblichen Datenschutzes. Hier geht die Entwicklung hin zur Einbeziehung des Datenschutzbeauftragten bereits bei der Konzeption eines Informationssystems, bevor konkrete Planungen stattfinden. Als neu bei der Partizipation kann also gelten:

- Einbeziehung bei Arbeitsabläufen, bei organisatorischen Maßnahmen
- Einbeziehung bei Arbeitsaufgaben
- Auf verschiedenen Ebenen (Senat, Fakultät, Institut, Abteilung)
- In Ausschüssen, Besprechungen, Arbeitsgruppen, Kommissionen

Kritik an Besprechungen: Beispiel Senatskommission

Bei der Einbeziehung und Teilhabe, d.h. Partizipation von Beschäftigten, ist längst nicht alles so, wie es sein soll. Im Folgenden wird am Beispiel einer Senatskommission einer Wissenschaftseinrichtung eine ad-hoc-Liste von Unzulänglichkeiten präsentiert, die eine gelungene Partizipation verhinderten:

- Gewünschte TOPs nicht aufgenommen
- Tagesordnung oft erst 1 oder 2 Tage vor Sitzung
- Unterlagen, Diskussionsvorlagen zu spät versandt, zu einseitig, berücksichtigen nicht den Diskussionsstand
- Leitung und Moderation durch Vorstand
- Vorstände stellen ein Drittel (in einem anderen Extremfall über die Hälfte) der Teilnehmer
- Schlechte Sitzungsvorbereitung
- Wichtige Teilnehmer oft abwesend
- Selektives Protokoll, einseitige Darstellung des Diskussionsstands
- Sitzungsleitung nicht zielorientiert

Beispiel: Institutsleitungsausschuss und Institutsversammlung

Bei der bisher praktizierten wissenschaftlichen Mitbestimmung – hier ein Beispiel aus dem Großforschungsbereich mit seinen bereits oben erwähnten Mitbestimmungsstrukturen Institutsleitungsausschuss (ILA) und Institutsversammlung (IV) – ist es nicht so, dass nicht auch hier noch Entscheidendes verbessert werden kann. Auch hier kann konstruktive Kritik dazu verhelfen, eingeschliffene Verhaltensweisen zu überwinden und durch neue Strukturelemente sowohl die Interessen der Beschäftigten als auch ihrer Führung stärker zu berücksichtigen.

- Diskussionsfreudigkeit abhängig von Führungsstil der Leitung
    - Teils kaum Diskussion, höchstens Außenseiter, feindselige Stimmung
    - Teils ausschweifende Diskussionen, keine Ergebnisse
    - als Beratungsgremium teilweise nicht ernst genommen
- Informations-/Wissensvorsprung der Leitung
    - für nützliche Beratung zu wenig Information
    - aus Zeitmangel keine breite Diskussion erwünscht
    - Keine Zeit, um Außenseitermeinung ernsthaft zu diskutieren
    - keine neuen Alternativen erwünscht, Beratung nur zu wenigen Alternativen erwünscht
- Moderation
    - Leitung redet zuviel
    - Vermischung von Hintergrundinformation, Lösungsvorschlag, eigene Meinung
- Mangelnde Vorbereitung
    - wegen Zeitmangel, Themen oft zufällig (z.B. Tagespost)

Partizipation - Vertrauen - Transparenz

Bevor zwei konkrete Vorschläge zur Einführung partizipativer Methoden in Wissenschaftseinrichtungen präsentiert werden, soll dafür eine Grundlage in Form von zwei Begriffen gelegt werden: Vertrauen und Transparenz[153].

- Partizipation und Vertrauen bedingen sich gegenseitig
    - Arbeitsverhältnis erfordert Vertrauen (Spinner: Der Fall Emmely[154])

[153] im Wesentlichen aus folgendem Buch von Matthias Maring: Vertrauen – zwischen sozialem Kitt und der Senkung von Transaktionskosten, http://digbib.ubka.uni-karlsruhe.de/volltexte/1000014993

[154] Helmut F. Spinner: Der Fall Emmely – metajuristisch betrachtet als Lehrstück zur Zukunftsfrage der Ultraasymmetrischen Gesellschaft, in Matthias Maring: Fallstudien zur Ethik in Wissenschaft, Wirtschaft, Technik und Gesellschaft, http://digbib.ubka.uni-karlsruhe.de/volltexte/1000021177

    - vertrauensvolle Zusammenarbeit zwischen PR/BR und Arbeitgeber gesetzlich vorgeschrieben
- Vertrauen (nach Eberl[155])
    - Identifizierung mit dem Unternehmen, Verantwortungsübernahme
    - Senken von Transaktionskosten (bei Übertragung von Gütern)
    - wichtiges Organisationsprinzip (Gilbert[156]): Vertrauen beeinflusst die Wahrnehmung, die Einstellung, das Verhalten und schließlich den ökonomischen Erfolg positiv (siehe große Anzahl von Studien im Bild 1, nächste Seite)
    - Frage der Unternehmenskultur
- Vertrauensbildende Maßnahmen:
    - Transparenz (Grunwald[157])
    - Herrschaftsfreier Diskurs (Habermas[158])

Es ist schlechterdings nicht vorstellbar, dass Partizipation ohne Vertrauen und Transparenz gelingt. Andererseits sind damit die Hürden nicht unvorstellbar hoch. Vertrauen wird bereits jetzt für viele unternehmerische und gesellschaftspolitische Aktivitäten vorausgesetzt. Das heißt nicht, dass Vertrauen jederzeit angebracht ist. Im Gegenteil, es ist oft – aus Sicht einer Seite, zu Recht! - nicht gegeben. Es muss erarbeitet werden, wobei die mächtigere Seite, der Arbeitgeber, hier stärker am Zuge ist. Es liegt an ihm, vertrauensbildende Maßnahmen einzuführen.

[155] in Maring: Vertrauen, S. 239-255
[156] in Maring: Vertrauen, S. 169-197
[157] in Maring: Vertrauen, S. 133-152
[158] z.B. Jürgen Habermas: Theorie des kommunikativen Handelns

Bild 1: aus D. U. Gilbert, S. 103, in Maring: Vertrauen

Wirkungsbereich / Studie	Ergebnisse der Studien und primäre These im Hinblick a die Bedeutung des Vertrauens für Unternehmen
1. Wahrnehmung	
Wahrgenommene Qualität von Informationen	
Mellinger 1959	Vertrauen hat einen (+) Einfluss gesetzten mitgeteilten Informatic
Benton et al. 1969	Vertrauen in einen Partner hat e die Wahrnehmung der Qualität i der Folge erhöht sich die Bereit: akzeptieren und Handlungen da
Roberts und O'Reilly 1974	Vertrauen in eine Führungskraft blick auf die Wahrnehmung der onen
Sonstige Wahrnehmungen	
Muchinski 1977	Vertrauen hat einen (+) Einfluss ganisationskultur
Rousseau und Tijoriwala 1999	Vertrauen hat einen (+) Einfluss satorische Veränderungsprozes
Scott 1980	Vertrauen in das Management h wahrgenommene Bedeutung eir Programms
2. Einstellung	
Zufriedenheit	
Boss 1978	Vertrauen hat einen (+) Einfluss Meeting
Brockner et al. 1997	Vertrauen hat einen (+) Einfluss Führungskraft sowie die Bereits
O'Reilly und Roberts 1974	Vertrauen hat einen (+) Einfluss munikationsprozessen
Schurr und Ozanne 1985	Vertrauen hat einen (+) Einfluss Geschäftspartner
Ward 1997	Vertrauen hat einen (+) Einfluss Gruppenarbeit
Sonstige Einstellungen	
Brockner und Siegel 1996	Vertrauen hat einen (+) Einfluss zukünftige Verhaltensweisen voi
Brockner et al. 1997	Vertrauen hat einen (+) Einfluss ment der Akteure
Friedman 1993	Vertrauen hat einen (+) Einfluss Bereitschaft, Konflikte konsensu
Kim und Mauborgne 1993	Vertrauen in das Management h Commitment, getroffene Entsch

3. Verhalten	
Kommunikation	
Adler 2001	Vertrauen hat einen (+) Einfluss auf die Teilung sowie die Generierung neuen Wissens
Bartelt 2002	Vertrauen hat einen (+) Einfluss auf die Offenhe kationsprozessen; wesentliche Informationen fir und zielgerichteter ihre Adressaten, dadurch ko schnelleren Umsetzung von Ideen und Konzept ken
Boss 1978	Vertrauen in Gruppen hat einen (+) Einfluss auf Kommunikationsprozessen
Kale, Singh und Perlmutter 2000	Vertrauen in strategischen Allianzen hat einen (die Bereitschaft, gegenseitig Informationen und zutauschen, dadurch kommt es zu einer Verkür vationszyklen und gegenseitigen Lernprozesser
O'Reilly 1978	Vertrauen hat einen (+) Einfluss auf die Quantit gesetzten mitgeteilten Informationen sowie die Kommunikationsprozessen
Smith und Barclay 1997	Vertrauen hat einen (+) Einfluss auf die Offenhe nikationsprozessen in interorganisatorischen Be
Tsai 2000	Vertrauenswürdigkeit eines Akteurs hat einen (- den Austausch intangibler Ressourcen
Zand 1972	Vertrauen hat einen (+) Einfluss auf die Offenhe nikationsprozessen in Gruppen
Kooperation	
Bstieler 2006	Vertrauen hat einen (+) Einfluss auf das Verhalt ren und ihre Fähigkeit kooperative Produktentw se zu initiieren
Clases, Bachmann und Wehner 2004	Vertrauen zwischen Akteuren in virtuellen Orga einen (+) Einfluss auf die Entstehung proaktiver und verlässlicher Beziehungen
Eggs 2001	Vertrauenswürdigkeit eines Akteurs hat einen (- dessen Fähigkeit, internetbasierte Kooperatione
Kale, Singh und Perlmutter 2000	Vertrauen hat einen (+) Einfluss auf die Lernpro Know-how-Transfer zwischen Akteuren und förd Kooperationen
	wischen Netzwerkpartnern hat einer nommene Risiko der Akteure, Koop rscheinlicher
	würdigkeit eines Akteurs hat einen (- igkeit, neue Netzwerkbeziehungen
	ig
	at einen (–) Einfluss auf die Notwen ingen zwischen Akteuren zu präzisi
	rauen hat einen (+) Einfluss auf die
	wischen Konfliktparteien hat einen (ung von Konflikten
	at einen (+) Einfluss auf die Verstärl r Bindungen
	at einen (+) Einfluss auf die Koordin fungiert als effizienter Governance-
	strategischen Allianzen hat einen (tive Regelung von Konflikten zwisch efahr, dass diese sich opportunistisc

4. Ökonomischer Erfolg	
Bartelt 2002	Vertrauen hat einen (+) Einfluss auf die Senkung von Transaktionskosten
Bromiley und Cummings 1995	Vertrauen hat einen (+) Einfluss auf die Senkung von Transaktionskosten, insbesondere die Kontrollkosten; außerdem hat Vertrauen einen (+) Einfluss auf die Produktivität und Profitabilität von Unternehmen
Currall und Judge 1995	Vertrauen hat einen (+) Einfluss auf die Senkung von Transaktionskosten
Davis et al. 2000	Vertrauen in den Geschäftsbereichsleiter hat einen (+) Einfluss auf die Performance der Business Unit
Dirks 2000	Vertrauen in die Führungskraft eines Teams hat einen (+) Einfluss auf deren Performance
Dyer und Chu 2003	Vertrauen hat einen (+) Einfluss auf die Senkung von Transaktionskosten
Fichman und Levinthal 1991	Vertrauen zwischen Akteuren hat einen (+) Einfluss auf die Bildung von *Relation Specific Assets*, welche die Kommunikation erleichtern und die Notwendigkeit reduzieren, Kontrollmechanismen zu installieren
Kale, Singh und Perlmutter 2000	Vertrauen zwischen Kooperationspartnern hat einen (+) Einfluss auf die ökonomische Performance von Netzwerkpartnern;

Vorschlag 1: Rahmengeschäftsordnung für Besprechungen

Besprechungen stehen hier für alle Arten von Ausschusssitzungen, Konferenzen, Meetings, Kommissionssitzungen, Arbeitsbesprechungen, usw. Bei jeder (wichtigen) Besprechung werden Informationen gegeben, ausgetauscht, eventuell Arbeit verteilt – mit oder gegen den Willen von Betroffenen, Entscheidungen gefällt – oder vertagt. Es gibt auch weniger wichtige Besprechungen, nach denen sich jeder fragt, ob sie notwendig waren. Diese sind hier nicht gemeint. Manche wichtigen Besprechungen verlaufen äußerst informell und unter hoher Zufriedenheit der Teilnehmer. Auch diese sind hier nicht gemeint. Der Vorschlag, manche Dinge bei Besprechungen grundsätzlich zu regeln, ist dann sinnvoll, wenn Besprechungen bei den Teilnehmern immer wieder ein ungutes Gefühl auslösen, nicht effektiv weitergekommen zu sein, wichtige Anmerkungen nicht gemacht zu haben, unfair behandelt worden zu sein, usw. Eine Wissenschaftseinrichtung kann eine Rahmengeschäftsordnung für Besprechungen (z.B. durch den Senat) erlassen, so dass die Gründe für Unzufriedenheit bei Besprechungen nicht immer wieder neu gefunden und behoben werden müssen. Mit Partizipation hat dies dann zu tun, wenn dadurch Transparenz und Vertrauen hergestellt wird, dass die Leitung die Teilnehmer beim einen oder anderen Punkt nicht über den Tisch ziehen will. Dazu können die Formalien einer Geschäftsordnung tatsächlich helfen, da dadurch die Vorbereitung für die Sitzung besser wird, Kritikpunkte vorher ausgedacht werden können und der informelle Einfluss der ohnehin mit Autorität ausgestatten Leitung auf (hoffentlich) fachliche Beiträge konzentriert wird.

Regelung folgender Punkte:

- Festlegung der Teilnehmer (Verantwortliche und Betroffene)
- Festlegung des Vorsitzes, der Moderation
- Terminabstimmung, Häufigkeit der Treffen, Zeitplan
- Aufstellen der Tagesordnung
- Protokollierung, Abstimmung des Protokolls
- Konfliktregelung (z.B. wenn Außenseitermeinung Einigung blockiert, autoritäre Leitung Außenseitermeinungen nicht zulässt, eigentliches Ziel oder Interessen nicht transparent gemacht werden, starkes Misstrauen herrscht, Meinungen polarisiert sind, ...)
- ...

Das alleine wird jedoch für eine Teilhabe der Beschäftigten nicht ausreichen.

Vorschlag 2: Partizipationsindex

Der zweite Vorschlag greift auf, was Friedrichsmeier in seinem Beitrag in diesem Tagungsbericht anregt: ein Partizipationsindex[159]. Indizes werden überall verwendet, um Information stark zu verdichten und eine Bewertung zu erleichtern. Sie sind wie alle Kennzahlen äußerst problematisch, wenn ihr Zustandekommen nicht genau bekannt ist.

Der Partizipationsindex soll freiwillig eingeführt werden. Vorbild ist etwa der Lehrqualitätsindex (LQI), mit dem die Studenten am KIT die Qualität ihrer Vorlesungen beurteilen. Genauso können in Zukunft Besprechungen von den Teilnehmern durch den Partizipationsindex (PI) beurteilt werden. Die Beurteilungsbögen könnten aus dem Internet bezogen werden. Die Ergebnisse werden an eine Evaluationsstelle geschickt, die sie auswertet und betriebsintern veröffentlicht. Das erzeugt genügend Druck für einen ständigen Verbesserungsprozess.

Beispiel: Fragebogen an Teilnehmer einer Besprechung

- Teilnehmerkreis gut zusammengesetzt?
- Tagesordnung abgesprochen?
- Tagesordnungspunkte gut vorbereitet?
- Protokoll enthält Vielfalt der Meinungen?
- Leitung eher moderierend als autoritär?
- Leitung zielorientiert?
- zählen Argumente anstelle des Status der Teilnehmer?
- Konsens anstelle eines Mehrheitsbeschlusses angestrebt?
- Minderheiten gebührend berücksichtigt?

---

[159] siehe auch Friedrichsmeier, Wannöffel: Mitbestimmung und Partizipation in www.boeckler.de/pdf/p_arbp_203.pdf

Diskussion zu Partizipation

Kommentar: Die Einführung der Partizipation darf nicht zu Lasten der Mitbestimmung gehen. Sie kann aber die durch die Autonomie entstehenden Defizite (bezüglich Transparenz, Schnellschüsse, ungehindertes Durchgreifen des Präsidiums) ausgleichen.

Frage: Wer organisiert die Partizipation, die informeller ist als die Mitbestimmung, in den Gremien? – Teilweise sind der Personalrat oder Mitglieder anderer Mitbestimmungsgremien bei Besprechungen dabei. Es ist breiteres Interesse an solchen Prozessen vorhanden, müsste aber von oben von der Politik unterstützt werden, um den Protagonisten nicht die Gesamtlast der Verantwortung für das gelingender Partizipation aufzulasten. Dies kann nicht gleich flächendeckend implementiert werden, sondern eventuell gemäß einer Experimentierklausel oder in Pilotprojekten vorangetrieben werden.

Es wird festgestellt, dass Gewerkschaftsvertreter mehrheitlich gegen Partizipation sind, weil befürchtet wird, dass Rechte verwässert werden. Die Entwicklung geeigneter Partizipationsformen ist noch nicht zum Endpunkt gekommen. Im KIT soll versucht werden, Partizipation zu realisieren.

Frage: Warum sollen sich befristete Mitarbeiter bei einer informellen Partizipation besser vertreten fühlen? - Mit einem befristeten Vertrag kann ich mich bei einer formellen Mitbestimmung nicht beteiligen, weil ich Gefahr laufe, meinen Arbeitsplatz/Anschlussvertrag zu gefährden. Oft liegt auch nicht die Wahl (alle 4 Jahre) günstig, dass ich mich überhaupt bewerben kann.

Friedrichsmeier glaubte bei seiner Expertise nicht daran, ein Patentrezept zu haben. Partizipation und Mitbestimmung sieht in vielen Bereichen sehr schlecht aus, es gibt dramatische Erosionsprozesse. Die Gewerkschaftsarbeit kommt an Hochschulen nicht voran. Man wollte mehr in die Offensive kommen. Man konnte identifizieren, dass es oftmals bei der Leitung eine Partizipation gibt. Vorschriften verhindern oftmals kurze Informationswege, Entscheidungsprozesse sind länger. Das könnte bei der informellen Partizipation besser gehen. Die unternehmerische Hochschule in ihrer Reinform ist nicht das Ideal und nicht gewollt. Informelle Partizipation hilft dabei, in einer Einrichtung Prozesse zu vereinfachen.

Befristete: man muss diese Mitarbeiter ermutigen, sich zu äußern, und zwar in einem Kreis, wo jeder eingeladen wird. Oftmals vertreten sie dort nicht ihre Meinung mit Nachdruck. Diese Mitarbeiter sollte man dahingehend unterstützen, ihre Meinung zu vertreten und sich zu äußern.

Es gibt viele Fallstricke, dass Partizipation schief gehen kann, aber die jetzige Mitbestimmung läuft auch nicht immer wie sie sollte. Daher sollte die informelle Partizipation die Mitbestimmung nicht ersetzen sondern ergänzen.

Demokratie in einer Wissenschaftseinrichtung: Beobachtungen im KIT

Thomas Reddmann

Die besondere Stellung der wissenschaftlichen Mitarbeiter im KIT

Das KIT ist keine klassische (Technische) Hochschule. Als Ergebnis des Zusammengehens einer Universität und einer Großforschungseinrichtung und wegen des Bestehens der beiden Missionen ist der Anteil der wissenschaftlichen-technischen Mitarbeiter nach der Post-Doc-Phase mit unbefristeten Beschäftigungsverhältnissen deutlich höher als in Universitäten. Das ist neben der Wünschbarkeit solcher Arbeitsverhältnisse für Arbeitnehmer generell inhaltlich notwendig: Experimente und Forschungsvorhaben, die auf Jahrzehnte geplant werden, bedürfen eines ausgewiesenen Expertenwissens.

Das Spektrum dieser Expertise reicht vom Operateur einer Experimentieranlage bis zum Abteilungsleiter, der Projekte mit einem mehrfachen Millionenbudget nach Innen und Außen verantwortet. Für diese Arbeiten ist einerseits der staatliche Auftrag kennzeichnend, und damit die wissenschaftliche Freiheit eingeschränkt. Andererseits sind die Mitarbeiter, insbesondere natürlich die in leitenden Positionen, an der Generierung der Themen beteiligt (und haben sogar neuerdings Antragsrecht bei der DFG). Die Teilhabe an Entscheidungen in der Einrichtung in Form der wissenschaftlichen Mitbestimmung hat auch den Charakter einer Kompensation der fehlenden Forschungsfreiheit. Die Frage von Verfassungsrechten soll hier aber nicht angesprochen werden; dies ist in der täglichen Praxis kaum von Relevanz.

Beteiligung an Entscheidungen in der Wissenschaftseinrichtung ist aber natürlich als Element der Motivation zu sehen, und die direkte Beeinflussung der Arbeitsbedingungen hat dazu noch eine gesellschaftspolitische Dimension. Sie geht dann bis zu den Fragen der Militärforschung oder weitergefassten ethischen Grundsätzen der Forschung, die ja jeden einzelnen Wissenschaftler betreffen können. Siehe auch Vortrag Keller.

Wissenschaftliche Mitbestimmung im Forschungszentrum

- Institute als Grundelemente
- Institutsversammlung und Institutsleitungsausschüsse
- Vertreter im WTR (1/3) und dessen Kommissionen, insbesondere der Programmkommissionen, Kandidaten der Institute
- Vertreter im AR, gewählt von allen wissenschaftlich-technischen Mitarbeitern

Dieses System wurde in den 70er im Zuge der allgemeinen Demokratisierung der Gesellschaft erreicht. Mit der Jahrtausendwende war aber auch in diesem System zu bemerken, dass es nicht mehr zeitgemäß war. Wesentliche strategische Entscheidungen wurden nämlich sukzessiv von der Ebene der Zentren auf eine neue Metaebene verlagert (PoF), in der wissenschaftliche Mitbestimmung zunächst und bis heute nicht vorkommt.

Wettbewerb

Die PoF ist gewissermaßen das Großforschungspendant zur verstärkten Einführung kompetitiver Verfahren im Wissenschaftssystem ganz allgemein. (Die Frage, inwieweit bei ihrer Einführung auch wirtschaftliche Interessen eine Rolle spielten, sei hier nicht diskutiert.) Im KIT treffen also zwei parallel Entwicklungen hin zu mehr Wettbewerb zusammen.

Die Tatsache wettbewerblicher Verfahren macht aus meiner Sicht aber zwangsläufig einen mit starken Kompetenzen ausgestatten Vorstand notwendig. Er muss auf der Metaebene agieren können, um selbst neue Forschungsprogramme initiieren zu können, die für die Standortsicherung der WE lebensnotwendig sind. Wir sehen das in der HGF sehr deutlich, das gilt aber auch für viele andere Förderinstrumente.

Man kann den Wettbewerbsgedanken im Wissenschaftssystem natürlich grundsätzlich in Frage stellen, aber er ist auch Ausdruck der gestiegenen Bewusstseins in der Politik und Gesellschaft, welche Bedeutung die WE für die Wettbewerbsfähigkeit der Volkswirtschaft als Ganzes besitzen. Die wettbewerbliche Hochschule oder generell WE ist damit, zumindest im Forschungsbereich, einfach Realität. Das KIT ist in dieser Hinsicht einfach breiter aufgestellt.

Folgen für die Mitbestimmung

Die Folgen dieses Wettbewerbs liegen auf der Hand: Die Zeit für einen breiten Diskurs auch sehr strategischer Entscheidungen, die große Teile der Einrichtung betreffen, wird knapp, jedes Gremium, was an Entscheidungen beteiligt sein will, verzögert den Abgabetermin eines Antrages, jede Transparenz der Überlegungen kann im Wettbewerbsverfahren einen entscheidenden Nachteil bedeuten. Innere Demokratie stört so nur noch.

Für das KIT wären zahlreiche Beispiel zu nennen, bei denen die demokratisch legitimierten Gremien nur für die Einhaltung der Formalien herhalten müssen, und wo inhaltliche Entscheidungen längst anderswo getroffen sind. Eklatantes Beispiel ist der KIT-Prozess selbst. Die Einleitung des KIT-Prozesses war in den beiden Einrichtungen nur teilweise unterstützt, der Erfolg in der EI brachte dem Präsidium (Rektorat und Vorstand) die notwendige Legitimation für das Eingehen einer (brüchigen) Allianz aus Vorstand und Ministerien. Bei der Formulierung des KIT-Gesetzes blieben so wichtige Mitbestimmungsrechte der legitimierten Gremien, insbesondere die strukturell in der GF verankert waren, auf der Strecke. Hier ist insbesondere das wesentlich eingeschränkte Budgetrecht und die gegenüber dem Präsidium unabhängige Rolle des WTR/Senats zu nennen.

Von den Entscheidungsprozessen ausgeschlossen zu werden trifft in einer solchen Situation insbesondere den Teil der Mitglieder der Einrichtung, die nicht selbst Entscheidungsträger sind oder von deren Expertise nicht auch ein Vorstand unmittelbar abhängig ist. Dies sind dann zwangsläufig die Mitarbeiter aus dem wissenschaftlichen-technischen und dem Infrastruktur-Bereich und natürlich die Studierenden. Die Situation der wissenschaftlich-technischen Mitarbeiter, die der Helmholtz-Mission verpflichtet sind, ist hier hervorzuheben. Sie sind anders, als im universitären Bereich, der Hauptträger des langfristigen Know-Hows der Einrichtung. Zusätzlich zur allgemeinen Einschränkung der Mitbestimmungsrechte trifft ihr Wunsch auf Mitbestimmung auf das zunächst vollkommene Unverständnis einer im Standesdünkel verhafteten Professorenschaft. In Berufungsverfahren sind heute die WMs nur noch eingeschränkt beteiligt.

Neue innere Strukturen und Partizipation: Status

Das Konzept des KIT beinhaltet traditionelle und neue Strukturen.

Zentrales Mitbestimmungsorgan mit verankerten Rechten ist allein der Senat. Etwa 1/3 Beteiligung der wissenschaftlichen Mitarbeiter im GFB. Vertreter der Fakultäten.

Organisation:

- Institute unterschiedlichster Größe UB und GFB, im GFB Erhalt der Institutsmitbestimmung; Institute erhalten größeres Gewicht als Kerneinheiten des KIT
- Fakultäten: Beteiligung nach LHG; Zukunft ungewiss

Quer dazu:

- KIT-Zentren, die Helmholtzprogramme einschließend: Mitbestimmungselemente wie Mitgliederversammlung, Wahl des Sprechers
- Kompetenzbereiche mit Netzwerkcharakter; Wahlverfahren

Für den GFB Erhalt einer so genannten Delegiertenversammlung: Konvent von Institutsvertretern.

Das ist die formale Seite. Die meisten Entscheidungen werden jedoch nicht in legitimierten Gremien getroffen, sondern in zahlreichen Kommissionen des Präsidiums, und dem Senat bleibt nur eine Abnickfunktion.

Die Entwicklung, dass Entscheidungen de-facto entschieden sind, bevor sie zu den legitimierten Gremien gelangen, betrifft nicht allein die Gruppen der Mitarbeiter und Studierenden. Tatsächlich macht sich eine Entwicklung zu Expertenkommissionen für Entscheidungen aller Art breit. Die Zusammensetzungen der Kommissionen müssen teilweise wohl noch vom Senat befürwortet werden, wo aber schon die Zusammenstellung möglicher mitwirkender Personen dem Präsidium einen enormen Handlungsspielraum ermöglicht.

"Divide et impere" ist dabei nur ein, aber ein durchaus wichtiger Aspekt. Das heisst, dass ein Vorstand durch geschickte Auswahl der Personen jegliche und wenn nur vermeintliche Machtanhäufung verhindern kann und das auch tut.

Partizipation in der wettbewerblichen Wissenschaftseinrichtung

Die zentrale Frage ist ja dann doch die, wie man dem Wunsch nach Partizipation in einer wettbewerblichen Hochschule oder WE wie dem KIT am besten nachkommen kann. Hierzu ein paar Vorschläge:

- Generell Rückkehr zur Konsensorientierung als Basis einer zukunftsfähigen und nachhaltigen Entwicklung in einer WE. Vorstand und Einheiten müssen verpflichtet werden, an einem Strang ziehen. Dabei ist Teilen der Verantwortung der Schlüssel.
- Mandatierte Beteiligung in allen Strukturen. Wahlen. Die Beteiligung der Mitarbeiter und Professoren muss zu einem wesentlichen Teil auf legitimierte Repräsentanten beruhen, wenn auch nicht notwendigerweise ausschließlich. Dies darf nicht als die Einführung basisdemokratischer Elemente denunziert werden.
- Insbesondere in den Instituten Erhalt (GFB) und Ausbau (UB) der wissenschaftlichen Mitbestimmung. Das ist zentral für die Mitbestimmungskultur. Dabei ist eine frühzeitige Beteiligung der Studenten anzustreben.
- Obligatorische Repräsentanz des Senats in wichtigen Expertenkommissionen des Vorstands. Nur so lässt sich die notwendige Transparenz zu

erzielen, um beispielsweise einen Diskurs über die Zukunftsstrategie der WE in voller Breite und unter Wahrnehmung der Zusammenhänge zu führen.

- Mehrheitlich mandatierte Zusammensetzung in Kommissionen des Vorstandes. Dabei ist auch das Selbstverständnis der Mitglieder einer Kommission zu sehen. Es macht einen Unterschied, ob Mitglieder durch Mandat einem Ganzen verpflichtet sind, oder ob sie als Experten vom Vorstand eingesetzt durchaus auch eigene oder Vorstands-Interessen vertreten. Expertenkommissionen sind notwendig. Weder Senat noch Vorstand ist in der Lage aus seiner Kompetenz heraus allein Sachfragen in der notwendigen Tiefe zu beleuchten. Durch eine Mindestbeteiligung von Mandatsträgern kann Kompetenz und Legitimation zusammengeführt werden.
- Kein Vorsitz des Präsidiums im Senat. Das Präsidium als Managementebene ist kein echter Teil der Selbstverwaltung.
- Gesetzlich verankerte Mitentscheidung beim Forschungsbudget.
- Entwicklung eines neuen Verständnisses der unterschiedlichen Rollen, die es in der WE gibt. Die Einteilung in die klassischen Gruppen P, W, Studierende, VT ist überholt. Orientierung an Funktion und Kompetenz. Indirekte Wahlen in den Senat aus legitimierten Gremien der Strukturen könnten erprobt werden (Einrichtung eines Konvents oder mehreren Konvents).
- Beschränkung des Wettbewerbs. Insbesondere müssen sich die Wissenschaftler und ihre Führungsstrukturen hier mehr zurückhalten (Selbstbeschränkung). Auch Aufgabe der Politik und Wissenschaftspolitik. Die Arbeitsfähigkeit der WE ist hier in Gefahr. Es ist kein Ausdruck von Autonomie, nur auswählen zu können, bei welchen fremdbestimmten Wettbewerbsverfahren man sich und wie beteiligt.
- Rolle des Aufsichtsrates liegt, neben seiner Beratungsfunktion, auch in der informationellen Verschränkung der Gremien. Er kann eine Brücke zur Politik, Wirtschaft, Gesellschaft bilden. Bei einem gestärkten Senat ist eine interne Beteiligung nicht ein unbedingtes Muss.

Interne Demokratisierung stärken

Johannes Stober

Was ist im jetzigen Prozess wichtig? Es ist klar im Koalitionsvertrag festgelegt, dass die Regierung zur Autonomie steht. Aber dann muss an der Stelle, an der die staatliche Kontrolle wegfällt, eine Kontrolle der Mitglieder der Einrichtung etabliert werden.

Der Fall KIT ist durch die Fusion anders gelagert als die übrigen Hochschulen des Landes.

Allgemeiner Fall Hochschule: Hier sollen in Zukunft Hochschulbeiräte die Aufsichtsräte ersetzen.

Fall KIT: Der Wirtschaftsausschuss und auch die Schlichtungsstelle wurden im Zuge des KIT-Prozess eingeführt. Das sind gute Punkte, die durch das Gesetz gestaltet worden sind. Durch mehr Autonomie in der zweiten Phase des KIT ist eine unabhängige Aufsicht unbedingt nötig. Deshalb soll hier der Aufsichtsrat nicht durch einen Hochschulbeirat ersetzt werden.

Die zurzeit stattfindende Entwicklung geht in Richtung Hochschulautonomie. Hochschulautonomie bedeutet, dass Entscheidungen bei der Hochschule selbst getroffen werden müssen – nicht im Aufsichtsrat. Aber ist eine Hochschule autonom, wenn immer mehr auf den Aufsichtsrat verlagert wird, in dem interne Beschäftigte kaum eine Rolle spielen? Ist das nicht eine Fremdbestimmung durch Industrie und Wirtschaft? Das hat dann mit Hochschulautonomie nichts mehr zu tun: nicht die Hochschule selbst trifft die Entscheidungen, sondern Leute von außerhalb. Die Hochschule ist aber derzeit das Präsidium, weder der Senat noch andere interne Gremien. Ist das richtig so?

Dem ersten KIT-Gesetz wurde im Landtag grundsätzlich zugestimmt. Damit verbunden war: Senatsmitglieder sollten mit Präsidium auf Augenhöhe diskutieren können. Die Beteiligung der einzelnen Gruppen in den verschiedenen Gremien spielt eine große Rolle. Mehr Beteiligung von nicht-professoralen Gruppen ist gefordert. Seither spüren aber auch die Professoren immer mehr den schleichenden Prozess ihrer Entmachtung.

Das KIT ist eine besondere Konstellation. Es herrscht Konsens über das Bedauern, das die Mitbestimmung des Wissenschaftlich-Technischen Rats des ehemaligen Forschungszentrums nicht in das KIT-Gesetz mitgerettet werden konnte. Was hier in der ersten Phase des KIT sich als verbesserungsbedürftig herausstellt, muss für die zweite Phase korrigiert werden.

Die Exzellenzinitiative ist hier ein Prüfstein, da der Erfolg des KIT sich nur dann einstellt, wenn sich alle Mitarbeiter in der Einrichtung beteiligen können und sich mit der Einrichtung identifizieren.

Diskussion:

Frage zum Koalitionsvertrag: was ist unter der beratenden Funktion der Beiräte zu verstehen? - Die Beiräte haben nicht mehr den Einfluss von früher. Es kommt auf die Autorität der Mitglieder an, Entscheidungsträger im KIT zu überzeugen. Nimmt man die Hochschulautonomie ernst, sind Externe zwar willkommen, Vorschläge zu machen, sollen aber nicht mehr zu entscheiden haben. Externe können keine letztendlichen Entscheidungen treffen, die eine Hochschule betreffen. Das ist wenigstens nicht Stobers Verständnis von Demokratie.

Frage: Warum ist für KIT kein Hochschulbeirat vorgesehen, sondern ein Aufsichtsrat? - Es ist schwierig, den Aufsichtsrat abzuschaffen, wenn das Land sich gleichzeitig aus der Steuerung und Kontrolle der Einrichtung zurückzieht. Die SPD hatte zum ersten KIT-Gesetz einen Vorschlag eingebracht, der auf der ursprünglichen Besetzung des Aufsichtsrates des Forschungszentrums aufbaute. Es ist weiterhin offen, und man muss darüber reden, wie der Aufsichtsrat letztendlich zusammengesetzt sein wird.

Demokratische Selbstverwaltung der Studierendenschaft

Tobias Bölz

1977 wurde in Baden-Württemberg unter dem Vorwand, den »Sympathisantensumpf des Terrorismus« (Zitat Hans Filbinger) austrocknen zu wollen, die Verfasste Studierendenschaft abgeschafft um die Studierendenschaften mundtot zu machen. Seither dürfen sich der AStA und die Fachschaften nur noch zu geistigen, musischen, sportlichen und ausgewählten sozialen Belangen äußern. Eine politische Interessenvertretung ist nicht vorgesehen. Finanziell sind AStA und Fachschaften auf die Gnade der Hochschule angewiesen.

Um trotzdem weiterhin eine politische Interessenvertretung gewährleisten und umfangreiche Beratungs- und Informationsangebote sowie Dienstleistungen für Studierende (Druckerei, Fahrzeugvermietung, ...) anbieten zu können, wurde an der Universität Karlsruhe die Unabhängige Studierendenschaft unabhängig von den seither vorgesehenen gesetzlichen Strukturen gegründet. In einer Satzung sind das Studierendenparlament, der Unabhängige Studierendenausschuss (UStA) als Vorstand, die Fachschaften, die Fachschaftenkonferenz als zweite Kammer sowie Vollversammlung und Urabstimmung geregelt. Jedes Jahr finden zum Ende des Wintersemesters Wahlen statt, bei denen das Studierendenparlament und die Fachschaftsvorstände gewählt werden. Um Verträge schließen und mit Geld umgehen zu können, wurden Vereine gegründet. Eine "Rückkopplung" mit den gesetzlich vorgesehenen Strukturen findet dadurch statt, dass zu den "offiziellen" Wahlen vom Studierendenparlament bzw. von den Fachschaften Listen aufgestellt werden.

Aus diesen Umständen ergibt sich dann auch unsere erste Forderung hinsichtlich der demokratischen Strukturen an den Hochschulen: Die Wiedereinführung der Verfassten Studierendenschaft mit Satzungs- und Finanzhoheit sowie politischem Mandat und somit Anerkennung der demokratischen Selbstverwaltung der Studierendenschaften.

Vertretung und Beteiligung studentischer Hilfskräfte

Ein Engagement von studentischen Hilfskräften im Personalrat ist nicht nur aufgrund der kurzen Befristung der Arbeitsverträge kaum möglich. Hier müssen Möglichkeiten gefunden werden, die Studierenden einzubinden. Auch wenn die meisten HiWis sowohl mit der Bezahlung als auch mit den Arbeitsbedingungen zufrieden sind, kann man sich mit den aktuellen Bedingungen eigentlich nicht zufrieden zeigen. Am Beispiel Berlin sieht man, dass es deutlich besser geht: Dort gibt es einen Tarifvertrag für studentische Hilfskräfte, der einen Stundenlohn von über 10 € und eine Mindestvertragslaufzeit von zwei Jahren festschreibt. Dadurch ist es dort – im Gegensatz zu in anderen Bundesländern – vielen Studierenden erst möglich, mit einer HiWi-Stelle das Studium zu finanzieren.

Positionen und Forderungen der Studierendenschaft

Das Leitbild der "unternehmerischen Hochschule" lehnt die Studierendenschaft seit jeher ab. Die Organisationsform eines Unternehmens ist auf eine Universität nicht übertragbar. Alle Entscheidungen am KIT müssen demokratisch und transparent unter Einbeziehung aller beteiligten Gruppen gefällt werden. Dies gilt natürlich auch für alle neu geschaffenen Gremien und Strukturen. Hinsichtlich der anstehenden Besetzung des 1. KIT-Aufsichtsrats fordern wir, dass mindesten drei Mitglieder aus dem KIT stammen und ein Mitglied Studentin bzw. Student sein muss.

Diskussion:

Frage nach der Bedeutung der Studiengebühren: Es muss auf jeden Fall einen Ersatz für ausfallende Studiengebühren geben. Ansonsten ist zu befürchten, dass bei Berufungen von Professoren die Fähigkeit, Drittmittel zu beschaffen wichtiger wird als die wissenschaftliche Qualifikation. Das ist zwar teilweise jetzt schon so, darf es aber nicht sein.

Frage nach der Mitbestimmung von Hiwis: solange für viele Studierende Hiwi-Jobs für das Studium existentiell sind, sind sie von dieser Beschäftigung sehr stark abhängig. Es gibt nicht allzu viele Studierende, die neben dem Studium (insbesondere zu Zeiten des Bologna-Prozesses) und der Finanzierung des Studiums sich auch noch hochschulpolitisch betätigen.

4. Arbeitsbedingungen in Wissenschaftseinrichtungen

- Zu guten Arbeitsbedingungen gehören
- attraktive tarifliche Leistungen (inklusive Zulagemöglichkeiten),
- ein sicherer Arbeitsplatz (ohne Angst vor betriebsbedingten Kündigungen) und
- die Möglichkeit einer Lebensplanung
  - nicht nur für eine Minderheit der Beschäftigten.

Befristungspraxis in der Wissenschaft[160]

Georg Jongmanns

Als das Wissenschaftszeitvertragsgesetz (WissZeitVG) im April 2007 in Kraft trat, hat es die Bestimmungen zur Befristung von Wissenschaftlerinnen und Wissenschaftlern zu weiten Teilen aus dem Hochschulrahmengesetz (HRG) übernommen. Zentraler Bestandteil ist die sachgrundlose Höchstbefristungsdauer von sechs Jahren vor und sechs Jahren nach abgeschlossener Promotion (im medizinischen Bereich neun Jahre nach der Promotion). Diese Regelung wurde im Jahr 2007 in drei Punkten modifiziert bzw. erweitert:

1. Bezog sich der sachgrundlose Befristungsrahmen im HRG noch auf die Gruppe der wissenschaftlichen und künstlerischen Mitarbeiterinnen und Mitarbeiter, so bezieht er sich nun auf das gesamte wissenschaftliche und künstlerische Personal (mit Ausnahme der Hochschullehrerinnen und Hochschullehrer). Im Einklang mit den Zielen der Föderalismusreform legen allein die Bundesländer fest, welche konkreten Personalgruppen zum wissenschaftlichen und künstlerischen Personal gehören. Dementsprechend sind auch die Bestimmungen zu den Hilfskräften – einschließlich der im HRG noch genannten Befristungshöchstdauern – aus den bundesgesetzlichen Regelungen entfallen.

2. Wenn die Wissenschaftlerinnen und Wissenschaftler Kinder unter 18 Jahren betreuen, vergrößert sich der Befristungsrahmen um zwei Jahre je Kind. Der gemeinsame Haushalt ist im Sinne des WissZeitVG entscheidend für die Frage, ob ein relevantes Betreuungsverhältnis vorliegt. Der Befristungsrahmen wurde um eine familienpolitisch motivierte Komponente erweitert, um die dreifache Belastung durch wissenschaftliche Dienstleistung für Hochschule oder Forschungseinrichtung, eigene wissenschaftliche Qualifizierung und Kindererziehung zu kompensieren. Hintergrund der Maßnahme ist die geringe Kinderhäufigkeit bei Wissenschaftlerinnen und Wissenschaftlern.

[160] Eine kürzere Version des Textes ist unter dem Titel „Die Stärken und Schwächen des WissZeitVG" im HIS:Magazin 3|2011 (Seite 2-4) erschienen. Der Evaluationsbericht ist unter http://www.his.de/pdf/pub_fh/fh-201104.pdf verfügbar (Georg Jongmanns: Evaluation des Wissenschaftszeitvertragsgesetzes (WissZeitVG). Gesetzesevaluation im Auftrag des Bundesministeriums für Bildung und Forschung. HIS:Forum Hochschule 4|2011. Hannover: HIS)

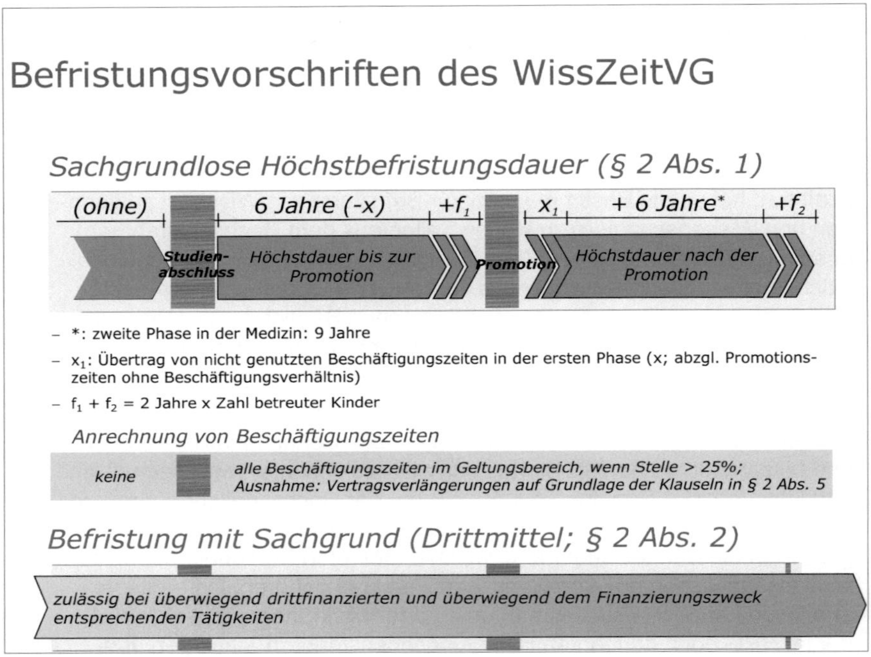

3. Dem sachgrundlosen Befristungsrahmen wurde im April 2007 ein neuer Befristungstatbestand (Sachgrund) an die Seite gestellt. Demnach kann ein befristetes Beschäftigungsverhältnis eingegangen werden, wenn Drittmittel für einen bestimmten Zeitraum vorhanden sind und wenn bestimmte Aufgaben, für die die Finanzierung vorgesehen ist, in dieser Zeit erledigt werden sollen. Um einen Arbeitsvertrag abschließen zu können genügt es, wenn die Projektfinanzierung und die entsprechenden Aufgaben überwiegen. Insofern ist es bspw. zulässig, die Finanzierung um Drittmittel ohne Zweckbindung aufzustocken und die Projekttätigkeiten mit haushaltsfinanzierten Aufgaben zu kombinieren. Eine Neuerung im Sonderbefristungsrecht für die Wissenschaft ist es, dass die Drittmittelbefristung auch auf nichtwissenschaftliches Projektpersonal angewandt werden kann. Wesentliches gesetzgeberisches Ziel ist es, im Drittmittelbereich für mehr Rechtssicherheit zu sorgen und auch denjenigen Wissenschaftlerinnen und Wissenschaftlern eine befristete Beschäftigung zu ermöglichen, für die der sachgrundlose Befristung nicht (mehr) in Frage kommt.

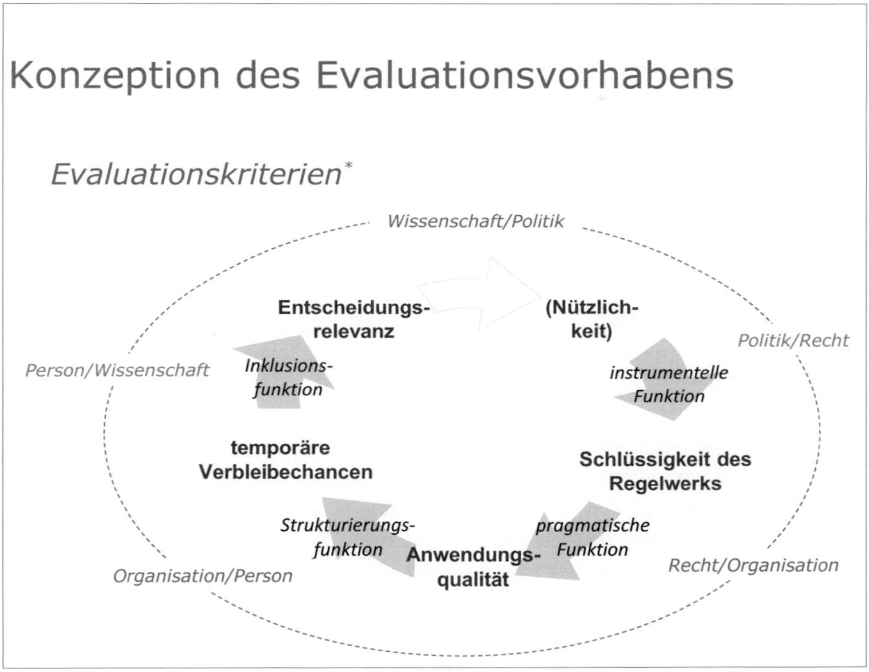

Die Kriterien der Evaluation wurden von den gesellschaftlichen Systemreferenzen abgeleitet, mit denen das WissZeitVG im Zusammenhang steht. Dazu gehören politische Zielbestimmungen, rechtliche Mittel und Deutungen, organisatorische Anwendungsfelder sowie persönliche Präferenzen und Relevanzen der Wissenschaftlerinnen und Wissenschaftler. Mit den daraus abgeleiteten Kriterien (Schlüssigkeit des Regelwerks, seine Qualität für die Anwendung auf organisatorischer Ebene, die sich mit der Anwendung eröffnenden Beschäftigungsmöglichkeiten, die Relevanzen dieser Optionen für die berufliche und familiäre Situation der Beschäftigten) sind zugleich die thematischen Bezugspunkte der Untersuchung beschrieben.

Das Evaluationsvorhaben hatte neben den thematischen auch mehrere äußere Bezugspunkte. Den Anlass gab der zuständige Bundestagsausschuss für *Bildung, Forschung und Technikfolgenabschätzung*, der während des Gesetzgebungsverfahrens zum WissZeitVG verabredet hatte, die Regelungen evaluieren zu lassen. Den Auftrag hat das *Bundesministerium für Bildung und Forschung* erteilt. Demnach lag der Schwerpunkt

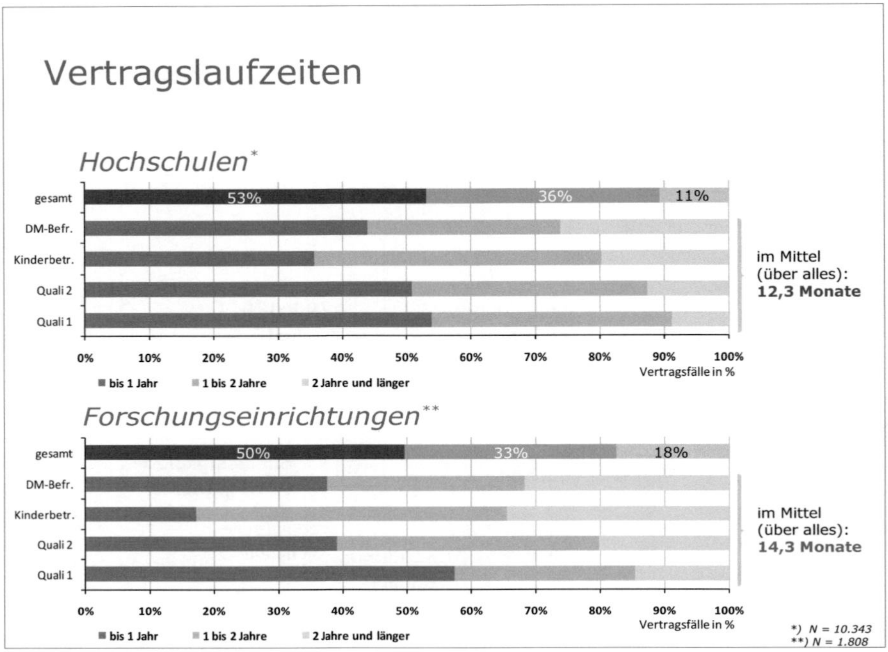

der Untersuchung bei den in 2007 ergänzend eingeführten gesetzlichen Bestimmungen. Die Studie konnte nur in Zusammenarbeit mit den Hochschulen und Forschungseinrichtungen durchgeführt werden, ohne deren Unterstützung nur ein Bruchteil der relevanten Daten hätte erhoben werden können. Und schließlich versteht sich der Evaluationsbericht als Information für die wissenschaftspolitische Diskussion, wobei der Bundesgesetzgeber der primäre Adressat ist. Da der informative Charakter der Studie im Vordergrund steht, verzichtet sie weitgehend auf die Ableitung möglicher Schlussfolgerungen.

Seitdem der Evaluationsbericht im März 2011 an den zuständigen Bundestagsausschuss übergeben und einige Wochen später publiziert wurde, sind einige Ergebnisse sowohl im politischen als auch im öffentlichen Raum aufmerksam verfolgt worden. Diskussionen ausgelöst hat das Resultat, dass die Hälfte der befristeten Arbeitsverträge mit wissenschaftlichen Mitarbeiterinnen und Mitarbeitern eine Laufzeit von weniger als einem Jahr hat. Arbeitsverträge mit Laufzeiten von zwei Jahren und mehr werden deutlich weniger häufig abgeschlossen. Die mittlere Laufzeit eines befristeten Arbeitsvertrags beträgt an Hochschulen 12,3 und an au-

Qualifikationsbefristung

*Vor abgeschlossener Promotion (erste Phase)**

Nutzung/Alter	Hochschulen	Forschungs-einrichtungen
Nutzungshäufigkeit	69% der Fälle	58% der Fälle
	64% des Volumens**	49% des Volumens**
30 Jahre und jünger**	74%	76%

*Nach abgeschlossener Promotion (zweite Phase)**

Nutzung/Alter	Hochschulen	Forschungs-einrichtungen
Nutzungshäufigkeit	16% der Fälle	30% der Fälle
	18% des Volumens**	35% des Volumens**
davon jünger als Kernsegment**	9% (< 30 Jahre)	6% (< 29 Jahre)
im Kernsegment**	54% (30-35 Jahre)	54% (29-34 Jahre)
älter als Kernsegment**	37% (> 35 Jahre)	40% (> 34 Jahre)

*) vgl. HIS:Forum Hochschule 4|2011, Seite 64 und 67
**) Angaben in % der Vollzeitäquivalente (wissenschaftliche Mitarbeiter/innen)

ßeruniversitären Forschungsprojekten 14,3 Monate. Das bedeutet, dass die Beschäftigten in der Zeit vor und nach der Promotion – bei Ausschöpfen des sachgrundlosen Befristungsrahmens – durchschnittlich 10 bis 11 Arbeitsverträge erhalten. Da das WissZeitVG keine Vorschriften zur zulässigen Zahl oder Laufzeit von Arbeitsverträgen enthält, gibt es keinen Anhaltspunkt, diese Befristungspraxis ursächlich auf die geltenden gesetzlichen Bestimmungen zurückzuführen.

Im Gegensatz zur Zahl und Dauer der Arbeitsverträge ist die Nutzungshäufigkeit für die Einschätzung der Vorschriften unmittelbar instruktiv. Der sachgrundlose Befristungsrahmen wird in einer Größenordnung von 85 bis fast 90 % der Arbeitsverträge als Rechtsgrundlage genutzt. Dies gilt sowohl für Hochschulen als auch für Forschungseinrichtungen – allerdings mit verschobenem Schwerpunkt: bei den Forschungseinrichtungen liegt der Anteil der Arbeitsverträge mit Postdocs um das Zweifache über dem Wert der Hochschulen. Dem hohen Nutzungsanteil entspricht die

Drittmittelbefristung

*Alter der Beschäftigten, Promotionsstatus**

- An den Hochschulen wird die Drittmittelbefristung überwiegend für Personal genutzt, das typischerweise (dem Alter entsprechend) unter die Qualifikationsbefristung fällt:

Nutzung/Alter	Hochschulen	Forschungs-einrichtungen
Nutzungshäufigkeit	9% der Fälle	6% der Fälle
	12% des Volumens**	8% des Volumens**
davon jünger als Kernsegment**	41% (< 33 Jahre)	13% (< 31 Jahre)
im Kernsegment**	38% (33-42 Jahre)	56% (31-40 Jahre)
älter als Kernsegment**	21% (> 42 Jahre)	31% (> 40 Jahre)

- Das drittmittelbefristete Personal ist überwiegend nicht promoviert:

nicht promoviert**	69%	54%
promoviert**	31%	46%

**) vgl. HIS:Forum Hochschule 4|2011, Seite 68 und 72*
***) Angaben in % der Vollzeitäquivalente (wissenschaftliche Mitarbeiter/innen)*

Nutzerzufriedenheit mit dem Befristungsrahmen, die insgesamt – mit Ausnahme von Unschärfen an seinen Rändern – hoch bis sehr hoch ist. Insofern bietet er ein im Wesentlichen funktionsfähiges und bewährtes Instrument für die befristete Beschäftigung von Wissenschaftlerinnen und Wissenschaftlern.

Auch die Drittmittelbefristung hat sich rasch etabliert. Der Anteil der darauf gestützten Arbeitsverträge liegt in den Hochschulen bei 9 % und in den Forschungseinrichtungen bei 6 %; bezogen auf das vertraglich vereinbarte Personalvolumen (VZÄ) liegen die Werte bei 12 % bzw. 8 %. Da der Befristungstatbestand klar zugeschnitten ist und den Bedingungen der meisten drittfinanzierten Projekte entspricht, hat er die angestrebte Rechtssicherheit erreicht. Dies allerdings um den Preis, dass er nicht alle Mittel erfasst, die über das regelmäßige Budget der Hochschulen hinausgehen. Der am Haushaltsrecht orientierte Drittmittelbegriff schließt bspw. wettbewerblich vergebene Mittel aus den Landeshaushalten i. d. R. aus; und die Zweck- und Zeitbestimmung der Vorschrift schließt reguläre

Drittmittelbefristung

Untersuchungsergebnis

- *Nutzung:* § 2 Abs. 2 hat sich durchgesetzt und etabliert (in den Forschungseinrichtungen auch für das nichtwissenschaftliche Personal)
- *Fazit 1:* Der Befristungstatbestand bildet die Bedingungen der meisten Forschungsprojekte sachgerecht ab (Zweck- und Zeitbestimmung der Finanzierung). Insoweit ist die angestrebte Rechtssicherheit erreicht.
- *Einschränkung:* Nicht alle für die Hochschulen relevanten Drittmittel werden erfasst; die Rechtssicherheit erstreckt sich nicht auf den gesamten zusatzfinanzierten Bereich.
- *Fazit 2:* Die Drittmittelbefristung wird teilweise anstelle der sachgrundlosen Befristung genutzt, wodurch die Schutzklauseln (§ 2 Abs. 5) umgangen werden. In dieser Hinsicht entspricht die Nutzung von § 2 Abs. 2 nur eingeschränkt dem Gesetzesziel (gemäß Begründung).

Drittmittel ohne entsprechende Konditionen (wie z. B. Overhead-Mittel) ebenfalls aus.

Da das WissZeitVG die zeitliche Beziehung zwischen dem sachgrundlosen Befristungsrahmen und der Drittmittelbefristung nicht festlegt, kann der Sachgrund – bei gegebenen Umständen – alternativ zur sachgrundlosen Befristung genutzt werden. Auf diesem Wege werden die Schutzklauseln ausgehebelt, die zur Verlängerung eines bestehenden Arbeitsvertrags führen können (bspw. wenn die Beschäftigten Elternzeit in Anspruch nehmen).

Von der verlängerten Höchstbefristungsdauer wegen Kinderbetreuung – nicht zu verwechseln mit der Schutzklausel bei Elternzeit – wird in einem geringen Maße Gebrauch gemacht. Lediglich 0,4 % (Hochschulen) bzw. 1,6 % (Forschungseinrichtungen) der abgeschlossenen Arbeitsverträge nutzen diese Möglichkeit. Die familienpolitische Komponente bietet eine individuelle Lösung für Fälle, in denen bspw. eine Qualifizierungsarbeit noch nicht beendet oder ein Projekt noch nicht abgeschlossen werden konnte. Obwohl die zusätzliche Befristungsmöglichkeit gerade wegen ihrer familienpolitischen Implikationen allseits begrüßt wird, können von ihr allein keine strukturellen Impulse erwartet werden.

Familienpolitische Komponente

Nutzung, Zielgruppe

- Anwendung bei 0,4% bzw. 1,6% der erhobenen Vertragsfälle (0,5% bzw. 2,9% des Personalvolumens*):

	männl.*	weibl.*	mittleres Alter**	Median Alter**	nicht prom.*	prom.*
Hochschulen	59%	41%	40 Jahre	39 Jahre	70%	30%
Forschungseinrichtungen	77%	23%	41 Jahre	40 Jahre	43%	57%

Untersuchungsergebnis

- Der erweiterte Befristungsrahmen wird allgemein begrüßt.
- zurückhaltende Nutzung, eher auf männliche und auf nicht promovierte Beschäftigte angewandt
- Teilweise bestehen Unklarheiten bzgl. der relevanten Fälle von Kinderbetreuung. Der Nachweis wird unterschiedlich erbracht.
- *Fazit:* akzeptiertes, aber nicht durchgesetztes Instrument

**) Angaben in % der Vollzeitäquivalente (wissenschaftliche Mitarbeiter/innen); vgl. HIS:Forum Hochschule 4|2011, Seite 68 und 72*

***) berechnet auf Grundlage der Vertragsfälle und des jeweiligen Alters im Jahr des Vertragsabschlusses*

Den personellen Geltungsbereich des Befristungsrechts für die Wissenschaft zu ändern, war folgerichtig, weil die Beibehaltung der zuvor verwendeten Personalkategorien die – seit der Föderalismusreform geänderten – Kompetenzen der Bundesländer tangiert hätte. Allerdings hat die gewählte Lösung Irritationen erzeugt, die noch nicht ausgeräumt sind. Erstens erfasst der Geltungsbereich nun auch Personengruppen, die im Rahmen ihrer wissenschaftlichen Dienstleistungen – und dies ist für die Frage entscheidend – aus rechtlichen Gründen (bspw. Landeshochschulrecht, Kapazitätsverordnung) keine oder eine nur unzureichende Gelegenheit zur wissenschaftlichen Qualifikation haben, obwohl der sachgrundlose Befristungsrahmen auch Qualifikationsabsichten impliziert. Die Irritation besteht in der Frage, *inwieweit* im Falle der sachgrundlosen Befristung die Gelegenheit zur wissenschaftlichen Qualifizierung gegeben sein muss.

Die zweite Irritation betrifft die Bestimmung, dass Beschäftigungszeiten vor Studienabschluss nicht auf die Höchstbefristungsdauer anzurechnen sind. Diese Regelung stellt sicher, dass nicht schon Tätigkeiten als Hilfskraft den Befristungsrahmen in Anspruch nehmen, und reflektiert auf diese Weise den Wegfall der Höchstgrenzen für studentische, künstlerische und wissenschaftliche Hilfskräfte. Allerdings bleibt offen, *welcher* Studienabschluss für die Anrechnung heranzuziehen ist. Die Gesetzesbegründung lässt sowohl den Bachelor- als auch den Master-Abschluss zu. Die Befristungspraxis an den Hochschulen zeichnet ein entsprechend uneinheitliches Bild, so dass Friktionen für die Beschäftigten nicht auszuschließen sind.

Trotz dieser mit Inkrafttreten des WissZeitVG entstandenen Irritationen kann man feststellen – so lassen sich die vorgestellten Ergebnisse zusammenfassen –, dass sich die Befristungsvorschriften in instrumenteller und pragmatischer Hinsicht bewährt haben. Solange man im gegebenen Rahmen befristete Beschäftigungsverhältnisse abschließen möchte, bieten die Vorschriften eine zumeist belastbare rechtliche Grundlage.

Berufliche Zufriedenheit und Ziele

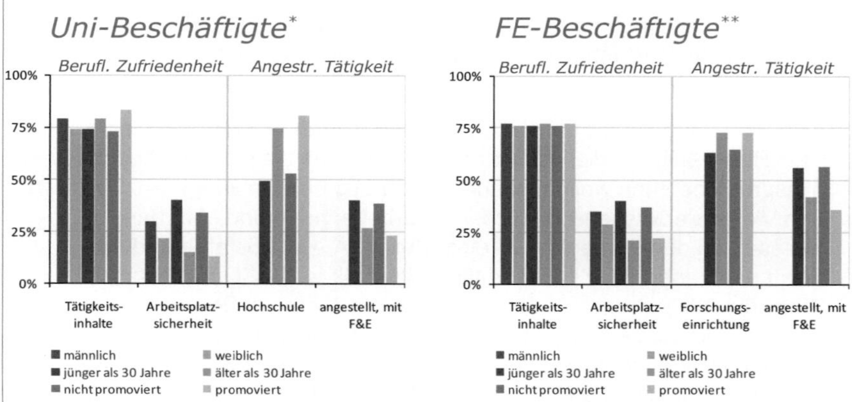

- Mit höherem Alter und zunehmender Qualifikation entsteht ein Entscheidungsdilemma (Risikoabwägung).
- Die berufliche Absicherung/Perspektive entspricht nicht der wissenschaftlichen Leistungsanforderung/-fähigkeit.

**) vgl. HIS:Forum Hochschule 4|2011, Seite 82 **) ebd., Seite 84*

Da die instrumentellen und pragmatischen Gesichtspunkte des WissZeitVG für die betroffenen Wissenschaftlerinnen und Wissenschaftler i. d. R. wenig Relevanz besitzen und stattdessen die Frage nach den beruflichen Chancen und Zielen im Vordergrund steht, wird man auch diese Sichtweise betrachten müssen, um die Neuerungen des WissZeitVG ausgewogen beurteilen zu können. Hier zeigt sich, dass die Einschätzungen der Beschäftigten von einer tiefgreifenden Ambivalenz gekennzeichnet sind. Zunächst ist festzustellen, dass die neuen Befristungsmöglichkeiten die Chance eines längeren Verbleibs in Hochschule oder Forschungseinrichtung bieten. Sie sind situativ hilfreich, denn einen Anschlussvertrag zu bekommen ist besser, als keinen Vertrag zu bekommen. Die Zufriedenheit mit der Arbeitsplatzsicherheit ist jedoch bei denjenigen besonders gering, die bereits seit einigen Jahren im Wissenschaftssystem tätig sind. Dabei nimmt mit höherer wissenschaftlicher Qualifikation und zunehmendem Alter der Anteil derjenigen zu, die den Wunsch zum Ausdruck bringen, auch längerfristig im Wissenschaftssystem bleiben zu wollen. Das bedeutet, dass das WissZeitVG insbesondere für einen Personenkreis zusätzliche Befristungsoptionen enthält, der dem Zwiespalt von Zufriedenheit mit dem wissenschaftlichen Arbeiten und Unzufriedenheit mit der eigenen Absicherung im besonderen Maße ausgesetzt ist. Ob mit den im Jahr 2007 eingeführten Optionen also eine gestiegene Attraktivität des Arbeitens in Hochschule und Forschungseinrichtung verbunden ist, wird man bezweifeln müssen. In diesem Punkt sollte man sich bei aller instrumentellen und pragmatischen Funktionalität der gesetzlichen Bestimmungen keinen Illusionen hingeben.

Die Befristungspraxis der Hochschulen hat ihren Schwerpunkt nicht bei den Beschäftigten, die vor der Frage stehen, ob sie die Zusatzoptionen in Anspruch nehmen wollen, sondern eindeutig bei den Jüngeren. Lediglich ein Viertel der wissenschaftlichen Mitarbeiterinnen und Mitarbeiter – gemessen an den vertraglich vereinbarten VZÄ – ist 35 Jahre und älter. Wirft man einen Blick in die amtliche Statistik, so lässt sich feststellen, dass die Altersstruktur in den vergangenen Jahren in Bewegung gekommen ist. Die Entwicklung des wissenschaftlichen Mittelbaus[161] lässt einige Rückschlüsse auf die Bedingungen der Beschäftigungspraxis im Wissenschaftssystem zu, die allerdings deutlich über Gegenstand und Ansatz der Gesetzesevaluation hinausgehen.

[161] Um die Entwicklung der zurückliegenden Jahre analysieren zu können, ist es zu Vergleichszwecken teilweise geboten, die Personalkategorien „wissenschaftliche und künstlerische Mitarbeiter“ sowie „Dozenten und Assistenten“ gemeinsam zu betrachten.

Personalstruktur

Wiss. und künstlerische Mitarbeiter/innen (kumuliert)*

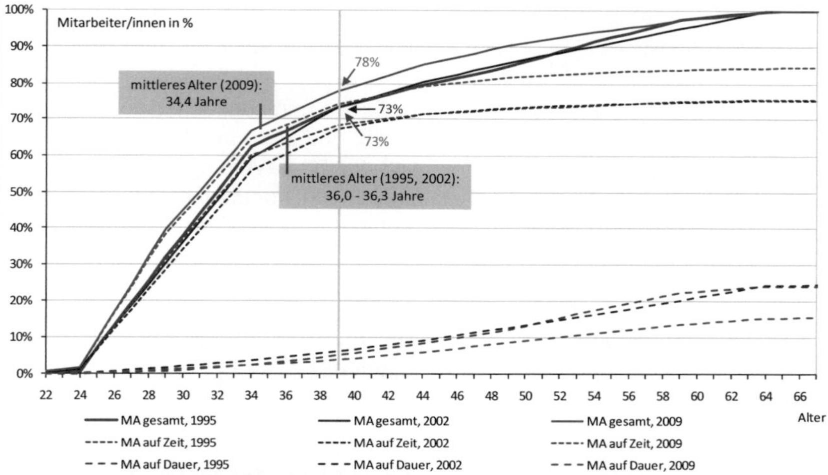

) **ohne Medizin (Quelle der verwendeten Daten: Statistisches Bundesamt, Fachserie 11, Reihe 4.4, Personal an Hochschulen 1995, 2002 und 2009)*

Beim wissenschaftlichen Mittelbau ist – wegen der besonderen fachlichen Bedingungen erfolgt die Betrachtung ohne Medizin – in den Jahren 2002 bis 2009 eine starke Zunahme von 26 % zu verzeichnen. Während die Zahl der Beschäftigten auf Zeit um fast 40 % stieg, hat die Zahl der Dauerbeschäftigten um 15 % abgenommen und damit wieder das Niveau von 1995 erreicht. Bei der Gesamtzunahme von rund einem Viertel fallen starke Unterschiede zwischen den einzelnen Altersgruppen auf. Besonders auffällig ist der massive Zuwachs von 75 bis 80 % bei den 25- bis 30-Jährigen. In den anderen Altersgruppen fallen die Steigerungsraten deutlich niedriger aus. Bei den 35- bis 40-Jährigen liegt sogar ein Rückgang von über 10 % vor, der maßgeblich durch den Abbau der Dozenten und Assistenten verursacht ist.

Der Verjüngungstrend zeigt sich auch, wenn man nur die Gruppe der wissenschaftlichen und künstlerischen Mitarbeiterinnen und Mitarbeiter (auf Dauer und auf Zeit) betrachtet:

- Lag das durchschnittliche Alter dieser Beschäftigten in 2002 noch bei 36,3 Jahren (ohne Medizin) – und damit sehr nah am Wert von 1995 –, so waren sie in 2009 im Mittel 34,4 Jahre alt.
- In den Jahren 1995 und 2002 waren 73 % der wissenschaftlichen und künstlerischen Mitarbeiterinnen und Mitarbeiter jünger als 40 Jahren. In 2009 stieg der Anteil auf 78 %.

Insgesamt ist die Zahl der wissenschaftlichen und künstlerischen Mitarbeiterinnen und Mitarbeiter zwischen 2002 und 2009 um 40 % gestiegen (ohne Medizin). Die Zunahme zieht sich durch alle Altersgruppen. Dies gilt auch für die 35- bis 40-Jährigen. Gleichwohl konnte ihr Rückgang bei den Assistenten und Dozenten nicht kompensiert werden. Auch die Zahl der 40- bis 50-Jährigen hat zugenommen – und zwar bei weniger Dauerbeschäftigungsverhältnissen. Mithin ist die Verjüngung des Personals nicht durch eine Reduktion der älteren Beschäftigten, für die sich die Berufsperspektiven riskanter darstellen, sondern allein durch den massiven Aufwuchs bei den jüngsten Wissenschaftlerinnen und Wissenschaftlern verursacht.

Der starke Zuwachs in der jüngsten Altersgruppe und der gleichzeitige, sich insgesamt einstellende Rückgang bei den 35- bis 40-Jährigen führen zu einer Engführung in der Personalstruktur. Angesichts des Befristungsrahmens von 12 Jahren, dem hohen Selektionsdruck und der geringen Wahrscheinlichkeit, ein Dauerbeschäftigungsverhältnis eingehen zu können, ist eine solche Engführung einerseits nicht verwunderlich. Andererseits birgt sie Risiken.

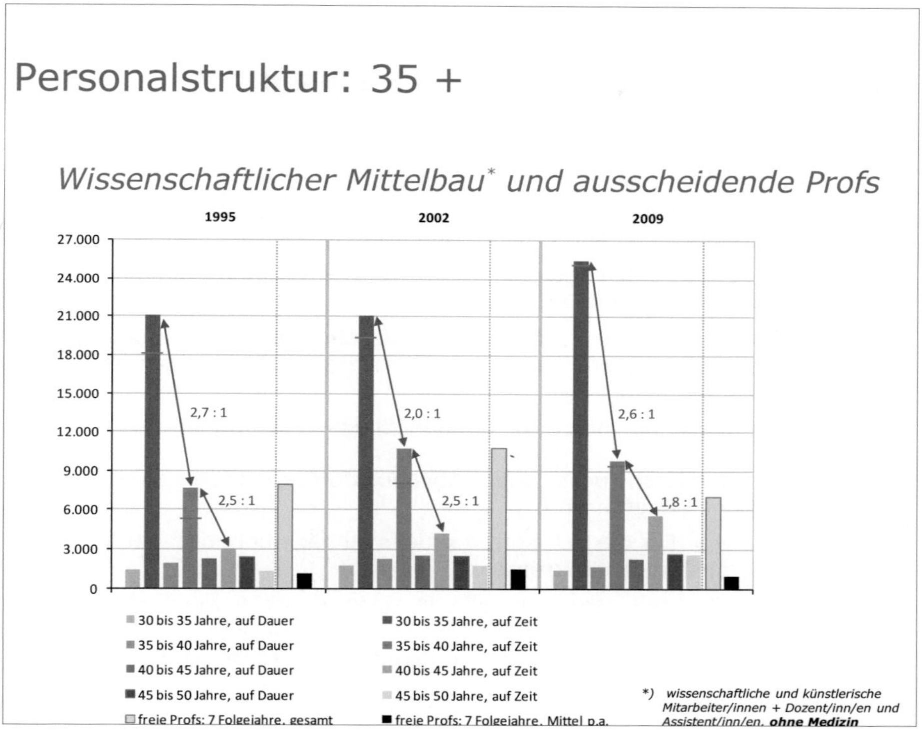

Es ist anzunehmen, dass die Wissenschaftlerinnen und Wissenschaftler im Alter von 35+ über eine mehrjährige Berufserfahrung und ausgeprägte wissenschaftliche Qualifikationen verfügen, dass sie also einen wichtigen Platz im Leistungsspektrum der Hochschulen abdecken und in einem gewissen Maße für die Weitergabe wissenschaftlichen Wissens verantwortlich sind. Wenn dieser Bereich ausgedünnt wird, gleichzeitig jedoch in einem erheblichen Maße jüngere und weniger erfahrene Wissenschaftlerinnen und Wissenschaftler nachrücken, stellt sich die Frage, ob das Verhältnis von Erfahrenen/Unerfahrenen in zweckmäßiger Weise ausgewogen ist, d. h. ob die Weitergabe desjenigen Erfahrungswissens, das ein qualitativ möglichst hochwertiger Wissenschaftsbetrieb benötigt, in ausreichendem Maße gewährleistet ist. Wenn die personellen Kapazitäten, die den wissenschaftlichen Nachwuchs betreuen und anleiten, relativ und absolut abnehmen, nehmen die Risiken der dauerhaften Qualitätssicherung zu.

Grenzen des gängigen Paradigmas

Folgefragen

- In welchem Verhältnis stehen die Kosten des Wissensverlustes und der Zugewinn an „neuen" Ideen durch junge Nachwuchskräfte?
- Entsprechen die Bedingungen kreativitätsförderlichen Arbeitens der Leistungsanforderung *Innovation*?
- Wie können die Karrierepfade in der Wissenschaft mit der politisch geforderten intersektoralen Mobilität synchronisiert/harmonisiert werden?
- Wie viel „Leistung" hält eine funktionsfähige Wissenschaft aus?

➡ Die reine Nachwuchs- und Innovationsförderung führt zu einer kritischen Engführung.

➡ *Dennoch:* Für die befristeten Arbeitsverträge benötigt man ein funktionsfähiges Instrument.

➡ *Fazit:* Dieses Instrument sollte in einem qualitätsorientierten Umgang mit wissenschaftlichem Wissen eingebettet sein (Ansätze für einen tragfähigen Paradigmenwechsel entwickeln).

Mit der personalstrukturellen Engführung zeigen sich die Grenzen des wissenschaftspolitischen Paradigmas, das seit Mitte der 80er Jahre die Befristungsvorschriften für die Wissenschaft bestimmt. Das geltende Paradigma votiert für den „laufenden Zustrom junger Wissenschaftler und neuer Ideen", ohne den die Forschung erstarren würde, und für die „Förderung des wissenschaftlichen Nachwuchses", die „Zeitverträge in großem Umfang" impliziert und die notwendig ist, „um aus einem größeren Personenkreis von Zeitangestellten den Hochschullehrernachwuchs auswählen zu können".[162] Dieser Ansatz steht vor dem Dilemma, dass er zwar in nachvollziehbarer Weise auf Innovations- und Nachwuchsförderung setzt, um ein leistungsfähiges Wissenschaftssystem zu ermöglichen, dass er zugleich aber Risiken für die wissenschaftliche Wertschöpfung produziert, die nicht allein durch die Professorinnen und Professoren be-

[162] Deutscher Bundestag, Drucksache 10/2283 (Entwurf eines Gesetzes über befristete Arbeitsverträge mit wissenschaftlichem Personal an Hochschulen und Forschungseinrichtungen), 08.11.1984, Seite 6.

werkstelligt wird – eine Wertschöpfung übrigens, die in erster Linie mit wissenschaftlichen und erst in zweiter Linie mit verwertungsorientierten, politischen oder anderen Maßstäben beurteilt werden kann. Das Dilemma entsteht durch den intensivierten „Zustrom“ bei gleichzeitig einzukalkulierendem Strömungsabriss (nach maximal 12 Jahren + x), ohne dass dafür gegenwärtig eine wirksame Auffanglösung verfügbar wäre.

Um die Risiken zu mindern, sollten die Anforderungen einer erfolgreichen Innovations- und Nachwuchsförderung sorgfältig in ein weiter reichendes Paradigma eingebettet werden, das die Bedingungen einer kreativen Wissensgenese ebenso reflektiert wie die Fragen eines qualitätsorientierten und anspruchsvollen Umgangs mit Wissensbeständen, die Erfordernisse einer flexiblen und zugleich fundierten Beantwortung drängender Probleme, die Möglichkeiten der intersektoralen Mobilität u. a. m. Die leitende Frage würde dann nicht mehr lauten, wie sicherzustellen ist, dass eine große Zahl junger Wissenschaftlerinnen und Wissenschaftler ins Wissenschaftssystem nachrücken und wieder ausscheiden kann. Vielmehr wäre vorrangig zu fragen, wie Wissensgenese, -vermittlung und -transfer funktionsfähig und leistungsstark gehalten werden können. Ein Gesetzgeber wäre gewiss überfordert, wenn man von ihm allein die Beantwortung der Frage erwarten würde, ebenso wie das Wissenschaftssystem stellenweise überfordert ist, wenn die Personalstruktur hinter den Anforderungen zurückbleibt.

Innovation braucht Partizipation – das KIT kann nicht als Top-down-Modell erfolgreich sein

Matthias Neis

In der Vorbereitung auf diesen Vortrag habe ich mir noch einmal das Mission-Statement angeschaut, wie man es auf der Internetseite des KIT findet. Am Ende dieses kurzen Textes steht ein ganz interessanter Satz: „Das KIT verfolgt seine Aufgaben im Wissensdreieck Forschung – Lehre – Innovation". Möglicherweise fragen Sie sich jetzt, was ich daran interessant finde. In der Tat ist es nicht originell, dass eine Wissenschaftseinrichtung diese drei Bereiche als ihr Aufgabenfeld definiert. Aber zwei Aspekte eigen sich doch als Aufhänger für meinen Beitrag.

Zum einen ist da das Dreieck, ausgerechnet die geometrische Form, die international für Gefahr steht. Sei es als Warndreieck beim Auto, - aktuell besonders brisant - als Warnzeichen für radioaktive Stoffe oder schließlich beim Bermudadreieck. Ich will damit nicht behaupten, dass das KIT ein Schiff in Seenot ist, aber in den nächsten Minuten dennoch zu erklären versuchen, warum es sich durchaus in einer nicht ungefährlichen Position befinden, insbesondere, wenn man sich – der zweite Aspekt, den ich an diesem Bild passend fand – im Fahrwasser des Pols der Innovation bewegt.

Das Universitäten und Forschungseinrichtungen Orte der Innovation sind, ist fast selbstverständlich. Wie viel innovativer muss dann eine Einrichtung sein, die zugleich Universität und Forschungszentrum ist. – Die Erwartungen an das neue „Schiff" sind in dieser Hinsicht hoch und das für sich ist schon einmal eine Herausforderung, aber das meine ich gar nicht mit meiner These von der Gefährdung.

Was ich meine ist viel mehr, dass das KIT nicht nur Innovationen hervorbringt, sondern dass es selbst eine Innovation darstellt. Ich habe schon angedeutet: Die Gründung des KIT war ein Versprechen, um es mit den Worten eines bekannten Politikers zu sagen, nicht alles anders aber doch vieles besser zu machen als die anderen. Durch den Zusammenschluss von Großforschung und Universität, durch die weitgehende Autonomie der neuen Einrichtung, die sich schließlich auch auf die Arbeitgebereigenschaft erstrecken wird, soll eine ganz eigene Kreuzung aus „Tanker und Schnellboot" entstehen – wenn sie mir die Erweiterung der Schiffsmetapher gestatten.

Legt man eine basale Definition zu Grunde, nämlich das Innovation eine neue Lösung für ein Problem oder eine Fragestellung liefert, die als den alten Lösungen überlegen akzeptiert wird, so wird deutlich, wie sehr der Begriff auf das KIT selbst passt. Der entscheidende Vorteil dieser Definition gegenüber unserem Alltagsverständnis von Innovation ist, das sie ohne normative Aufladung, man könnte auch Überhöhung sagen, auskommt. Im politischen Raum mag es genügen, etwas innovativ zu nennen um es ausreichend zu rechtfertigen. Schon bei einer neuen Technologie oder einem Produkt funktioniert das nicht. Sie als Produzent können Ihre neue Lösung so sehr preisen wie sie wollen, solange die Kunden das anders sehen haben sie nichts weiter als eine – teure – Spielerei in der Hand. Noch viel mehr gilt das, wenn die Prozesse in einer Organisation innoviert werden sollen, so wie hier am KIT. Die Leute, die sie hier zunächst mal überzeugen müssen, die Anwender, sind keine Kunden, sondern es sind die Beschäftigten. Und die treffen keine Kaufentscheidung, sondern eine, die im Zweifelsfall ihren ganzen Tagesablauf, ihre erprobten Methoden und Prozesse in Frage stellt. Da muss das neue schon überzeugend sein, wenn es sich wirklich durchsetzen will. Tut es das aber nicht, dann gibt es einfach keine Innovation. Das lernen wir aus der Organisationssoziologie: gegen den Willen eines Großteils der Mitglieder einer Organisation gibt es keine reale, tiefgreifende Veränderung, abseits von bloßem Etikettentausch. Und für Hochschulen gilt das nochmals verstärkt, handelt es sich doch – ein zweiter Rückgriff bei der Organisationssoziologie – um Expertenorganisationen. Das sind solche Organisationen, die vor allem Fachleute beherbergen und von deren Wissen und Fähigkeiten abhängen. Damit die beides in den Dienst der Organisation stellen müssen umgekehrt einige Dinge gewährleistet werden: Allen voran muss sie die Wertschätzung des Expertentums vermitteln und Mitsprache bei der Gestaltung der Methoden und der Festlegung der Standards einräumen.

Beides kommt Ihnen aus der Wissenschaft sicher bekannt vor. Ihnen fallen unmittelbar die Professorinnen und Professoren ein, aber damit ist die Liste der Expertinnen und Experten keinesfalls abgeschlossen. Auch die übrigen wissenschaftlich Beschäftigten gehören dazu und nicht selten nehmen auch Beschäftigte in der Verwaltung oder dem technischen Bereich eine solche Position ein. Ihr Prozesswissen ist es häufig, was Arbeitszusammenhänge am Laufen hält – denken sie an die sprichwörtliche Lehrstuhlsekretärin, die die Gesamtheit der Abläufe im Blick behält, während der Chef sich in den Tiefen seiner überfüllten Terminkalenders verliert. Hier wird schon deutlich, dass die Leistungen der Expertenorganisation Hochschule oder Wissenschaftseinrichtung schon lange nicht mehr das Ergebnis der Einsamkeit und Freiheit isolierter Gelehrten ist, sondern Ergebnis kollektiver Arbeitsprozesse.

Die Innovation, die sie gerade erleben, die Prozesse verändert, Autonomie neu zuweist oder gar entzieht ist deshalb eine Operation am offenen Herzen der Expertenorganisation KIT. Man kann die Herausforderung, die vor allen an Ihrer Einrichtung liegt daher kaum überschätzen und sie werden sie nur bewältigen – in dem Sinne, dass tatsächlich auf der Ebene der sozialen Praxis etwas neues entsteht – wenn sie die Expertinnen und Experten an Bord überzeugen, dass sie Akteure in diesem Prozess sind und nicht Objekte der Veränderung. Und da reicht es eben nicht auf die Professorinnen und Professoren zu schauen, denn die werden es alleine nicht richten können. Hochschulbeschäftigte – dass zeigen alle Befragungen – bringen ein hohes Commitment mit. Sie sind bereit vieles zu tun, was nicht in ihren Verträgen steht, allerdings müssen die merken, dass sie etwas zurückbekommen, dass sie wertgeschätzt werden, materiell aber auch durch Mitsprache und Perspektiven. Soll das KIT sein Innovationsversprechen einlösen, dann sind sie auf dieses Commitment angewiesen. Sie werden nicht nur den nach außen sichtbaren Spitzenwissenschaftlern und –wissenschaftlerinnen, sondern auch dem sogenannten „wissenschaftlichen Nachwuchs“ und den Prozessexperten und –experten in Verwaltung und Technik gute Bedingungen bieten müssen, bessere als andere Wissenschaftseinrichtungen, denn sie verlangen ihnen auch mehr ab. Und unter guten Bedingungen, das sage ich ganz deutlich ist nicht das zu verstehen, was Herr Dr. Jongmanns aus seiner Evaluation des Wissenschaftszeitvertragsgesetzes berichtet hat. Stattdessen gehört dazu eine angemessene Entlohnung und ein Mindestmaß an Sicherheit, das Perspektiven schafft. Ohne die entsteht nämlich nicht die Kontinuität, die sie im Veränderungsprozess so nötig brauchen. Und sie entsteht auch nicht in prekären Beschäftigungsverhältnissen, wie sie bei den Lehrbeauftragten und wissenschaftlichen Hilfskräften auch am KIT Gang und Gäbe sind.

Das KIT hat hier eine Menge zu tun und seine Leitung sei es auf zentraler Ebene oder in den Fakultäten und Instituten tut gut daran, die Beschäftigten und ihre Interessenvertretung so früh und so umfänglich wie möglich in diesen Innovationsprozess einzubeziehen. Nicht nur, weil die Beschäftigten einen Anspruch darauf haben die Veränderungen mitzugestalten, sondern auch, weil sonst der Kurs im Gefahrendreieck Forschung – Lehre Innovation auf Dauer nicht zu halten sein wird.

Befristungspraxis am KIT

Detlev Meier

Einleitung

Das KIT ist als Zusammenschluss der Universität Karlsruhe mit dem Forschungszentrum Karlsruhe im Jahr 2009 entstanden. Bedingt durch den Zusammenschluss sind einige Sonderregelungen zum KIT in das LPVG Baden-Württemberg eingeflossen (vgl. LPVG § 94c). Diese Regelungen haben Einfluss bei der Mitbestimmung beim wissenschaftlichen Personal im Großforschungsbereich („Campus Nord"). Hier wurde die Mitbestimmung des ehemaligen Betriebsrates erhalten und wird jetzt vom Personalrat wahrgenommen. Für den universitären Teil („Campus Süd") gilt weiterhin die alte Praxis – keine Mitbestimmung bei der Einstellung von wissenschaftlichem Personal.

Die nachfolgende Analyse soll die derzeitige Situation sowohl der Wissenschaftler als auch des nichtwissenschaftlichen Personals am KIT und die sich daraus ergebenden Probleme verdeutlichen.

Analyse der gegenwärtigen Befristungen (Stand 2009)

Am Campus Nord gibt es noch eine verhältnismäßig große Anzahl von unbefristeten Stellen im Bereich der wissenschaftlich/technischen Mitarbeiter und dem Bereich der administrativ/technischen Mitarbeiter. Auch im Bereich der Wissenschaftler sind die Verhältnisse günstiger als im Campus Süd. Dies ist sicherlich darauf zurückzuführen, dass dort viel weniger Promotionswissenschaftler (Wissenschaftler in der Qualifikationsphase) als Wissenschaftler nach ihrer Qualifikationsphase („Berufswissenschaftler") beschäftigt sind. Es ergeben sich folgende Zahlen (Stand 2009):

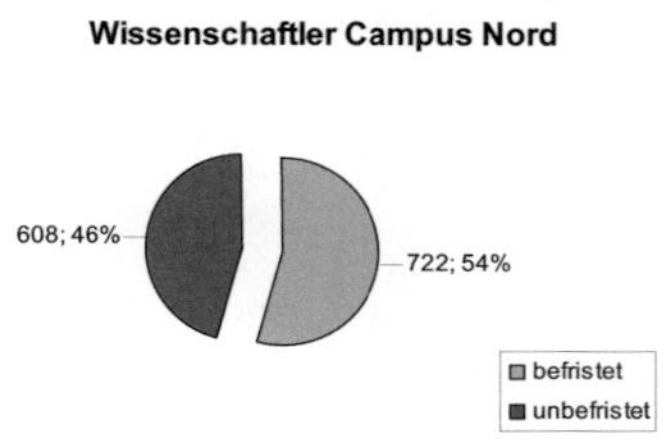

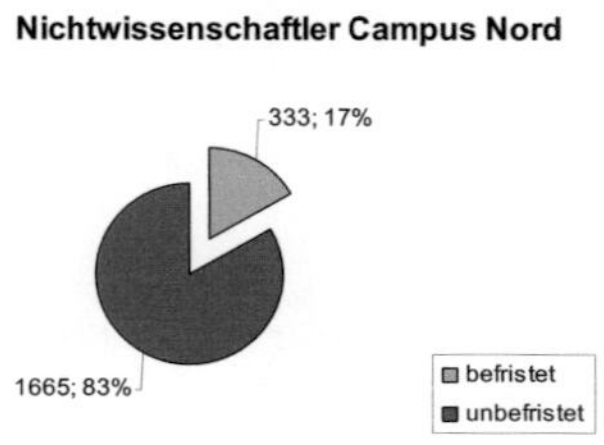

Etwas anders sieht es am Campus Süd aus. Hier ist der überwiegende Teil der Wissenschaftler befristet beschäftigt und nur ein kleiner Teil (9,7%) hat einen unbefristeten Arbeitsplatz. Wie schon oben erwähnt ist das eine Folge der sich überwiegend in der Promotionsphase befindlichen Wissenschaftler. Allerdings sind auch die Zahlen der im Technischen Dienst und im Verwaltungsdienst befindlichen befristet Beschäftigten höher als am Campus Nord. Deshalb soll eine etwas genauere Sicht auf den Bereich der am Campus Süd Beschäftigten geworfen werden.

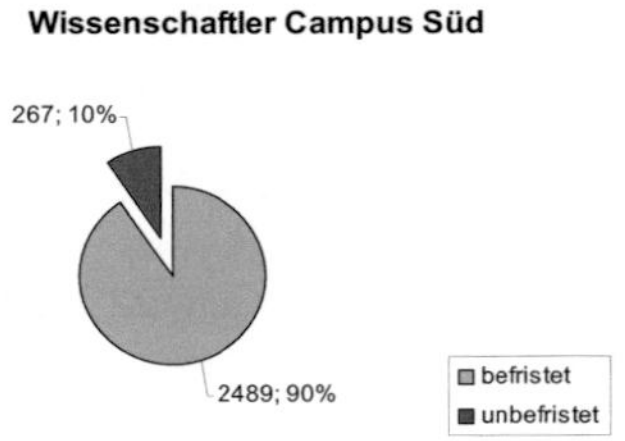

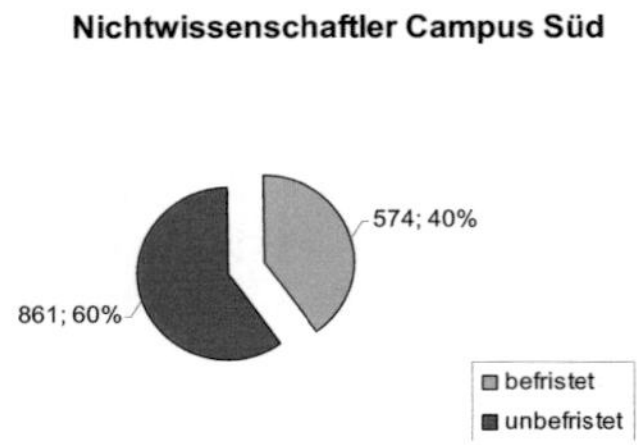

Beschäftigungsübersicht 2009 – Universitärer Teil

Wie dem Jahresbericht des KIT 2008/2009 – Universitärer Bereich zu entnehmen ist wird grob in durch Landesmittel, Drittmittel oder durch Studiengebühren finanzierte Stellen unterschieden

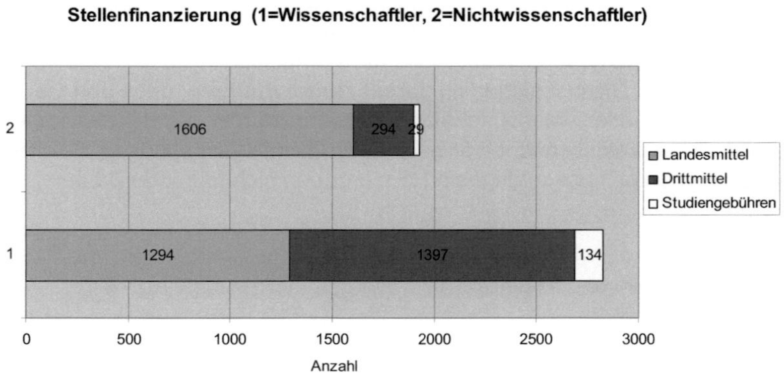

Wenn Beschäftigte aus Landesmitteln bezahlt werden bedeutet das aber nicht, dass es sich hier nur um unbefristete Beschäftigung handelt. Tatsächlich wird bei Analyse der gegenwärtigen Beschäftigung sichtbar, dass dort auch durch Landesmittel finanzierte Projektstellen mit dem vom

Landeshaushalt ausfinanzierten Stellen zusammengefasst worden sind. Einen besseren Überblick über diese Problematik gibt die in Vollzeitäquivalente umgerechneten Stellen mit der vom Statistischen Landesamt veröffentlichten Stellenübersicht bzw. dem Stellenplan für Beamte aus dem Jahr 2008 an. Es ergibt sich für den wissenschaftlichen Bereich eine Stellenzahl von 633,5 Beamten (inkl. Professoren) und 420 tarifliche Stellen, also insgesamt 1053,5 Stellen, die durch das Land ausfinanziert sind. Bei den Nichtwissenschaftlern ergeben sich 107 Beamtenstellen und 1010,5 tarifliche Stellen, insgesamt also 1117,5 ausfinanzierte Stellen. Dem gegenüber stehen im Jahr 2009 am Campus Süd 2475,9 wissenschaftliche vollzeitäquivalente Stellen und 1636,1 vollzeitäquivalente Stellen bei den Nichtwissenschaftlern.

Finanzierung in Vollzeitäquivalenten: Landesstellen vs. Stellenplan 1=Wissenschaftler, 2=Nichtwissenschaftler

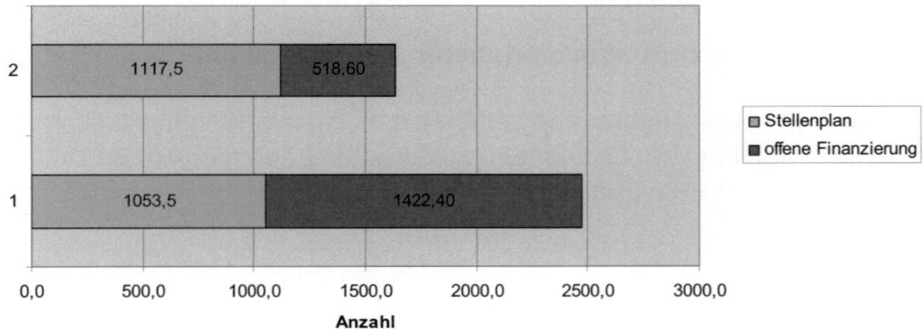

Das nachfolgende Schaubild zeigt eine Analyse der finanzierten Stellen (Quelle: Jahresbericht 2009 – Universitärer Bereich) aufgeteilt auf das Lebensalter der Beschäftigten. Hier ist zum einen die Altersstruktur des Hochschulteils von KIT erkennbar, zum anderen kann man davon ausgehen, dass die in Stufe 3, 4 und 5 durch Landesmittel finanzierten Stellen über wiegend unbefristete Stellen sind.

Stellenfinanzierung Lebensalter
(1=bis 29, 2=30 bis 39, 3=40 bis 49, 4=50 bis 59, 5=über 59Jahre)

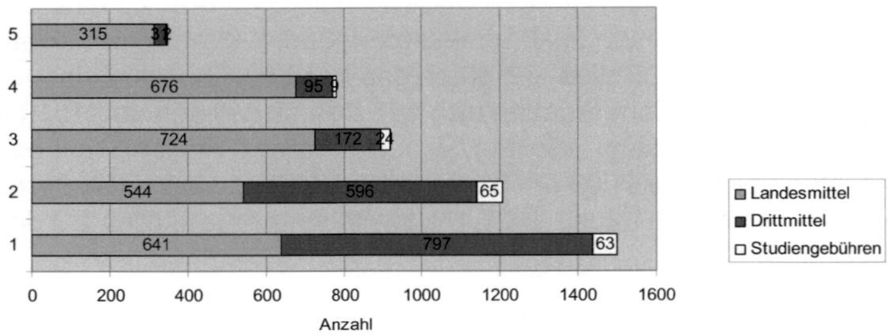

Entwicklung der Drittmitteleinnahmen 2002 bis 2009

Die nachfolgenden Diagramme zeigen einen Zusammenhang zwischen den stetig wachsenden Drittmitteleinnahmen und den steigenden Drittmittelanteilen bei den Beschäftigtenzahlen.

Drittmittel in Mio Euro

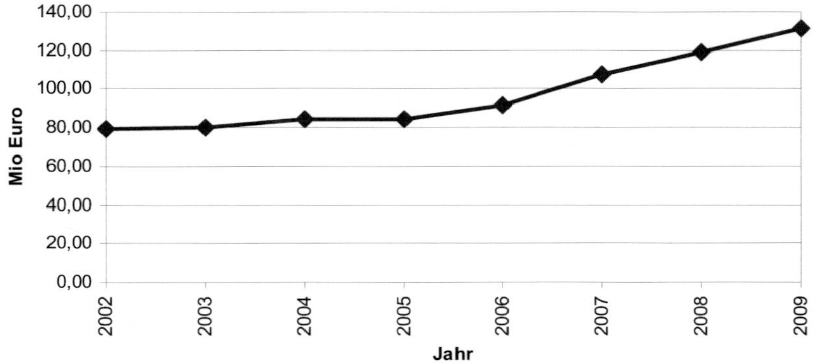

Entwicklung der Beschäftigtenzahlen nach Finanzierungsmittel 2006-2009

Jahr	Gesamtzahl	Landesmittel	Anteil in %	Drittmittel	Anteil in %
2006	4055	2816	69,4	1239	30,6
2007	4206	2904	69,0	1302	31,0
2008	4424	3006	67,9	1418	32,1
2009	4754	3063	64,4	1691	35,6

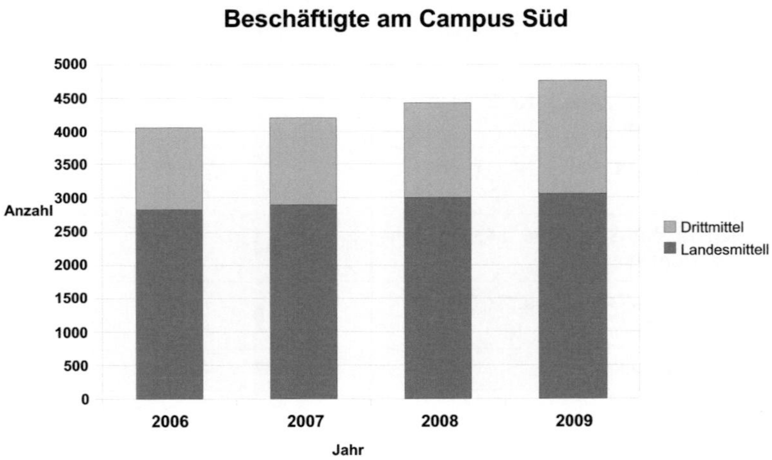

Gegenwärtige Praxis bei der Einstellung bzw. Weiterbeschäftigung von Beschäftigten am KIT

Nachdem ein Überblick über die Beschäftigungsstruktur des KIT gezeigt wurde (Anmerkung: Leider ist das hier vorliegende Zahlenmaterial das offiziell aktuellste, weitergehende Zahlen wie hier für den universitären Teil verwendet sind für Campus Nord – Großforschungsteil nicht verfügbar) soll anhand einer Statistik der vom Personalrat behandelten Personalfälle eine Übersicht über die Anwendung von Teilzeit- und Befristungsgesetz und Wissenschaftszeitvertragsgesetz bei Neu- oder Weiterbeschäftigungen gegeben werden. Der zugrunde liegende Zeitraum ist von Januar 2011 bis Mai 2011, die eingangs erwähnte Sonderstellung des Großforschungsbereiches ermöglicht es, die dortigen wissenschaftlichen Personalfälle ebenfalls zu dokumentieren.

Übersicht Personalfälle Campus Nord für den Zeitraum Januar – Mai 2011 (Einstellungen und Weiterbeschäftigungen)

	Wissenschaftler	Nichtwissenschaftler
Dauervertrag	8	16
Zeitvertrag *davon nach*	134	85
TzBfG § 14, Abs. 2 (sachgrundlose Befristung)	2	36
TzBfG § 14, Abs.1, Nr. 1 (vorübergehender Bedarf)	22	29
TzBfG § 14, Abs.1, Nr. 2 (nach Ausbildung)	–	1
TzBfG § 14, Abs.1, Nr. 3 (Vertretung)	–	9
WissZeitVG § 2, Abs. 1 („6 + 6 Jahre Regelung“)	94	–
WissZeitVG § 2, Abs. 2 („Drittmittel“)	9	3
Unbekannt	7	7

Bei den Wissenschaftlern dominiert erwartungsgemäß eine Einstellung nach dem WissZeitVG, nur 8 von 142 Wissenschaftlern erhielten einen Dauervertrag. Interessant ist die Anwendung TzBfG §14 Abs.1 mit dem Sachgrund „Vorübergehender Bedarf“. Bei den nichtwissenschaftlichen Beschäftigten sieht es auch nicht viel besser aus. Hier erhielten 16 von insgesamt 101 Beschäftigten einen Dauervertrag. Die Anwendung des WissZeitVG hält sich in Grenzen (3 Fälle), dafür wird häufig nach Teilzeit- und Befristungsgesetz §14 Abs.2 Sachgrundlos befristet (36 Fälle). Überhaupt scheint der vorübergehende Bedarf im Großforschungsbereich sehr ausgeprägt zu sein.

Kommen wir nun zu den Zahlen aus dem universitären Bereich des KIT für denselben Zeitraum. Eine Übersicht der eingestellten Wissenschaftler kann nicht gegeben werden, weil sie in diesem Bereich des KIT nicht der Mitbestimmung unterliegen.

Übersicht Personalfälle Campus Süd für den Zeitraum Januar – Mai 2011 (Einstellungen und Weiterbeschäftigungen)

Dauervertrag (Weiterbeschäftigung: 36 Neueinstellung: 2)	38
Zeitvertrag *davon nach*	164
TzBfG §14, Abs. 2 (sachgrundlose Befristung)	75
TzBfG §14, Abs. 1 (mit Sachgrund)	64
WissZeitVG § 2, Abs. 2 („Drittmittel")	20
Unbekannt	5

Erfreulicherweise gibt es eine Anzahl von Dauerverträgen, allerdings in fast allen Fällen als Weiterbeschäftigungsmaßnahme d.h. diesen Arbeitsverhältnissen ist ein befristeter Vertrag vorangeschritten. Nur 2 Einstellungen sind auf „reguläre" Weise vollzogen worden mit einer nach Tarifvertrag üblichen Probezeit. Welcher Natur der vorangeschrittene Vertrag war, zeigt ein Blick auf die Praxis der befristeten Personalfälle: hier wird vorrangig nach TzBfG §14 Abs.2 eingestellt. Auch wird in nicht unerheblichem Maße nach TzBfG §14 Abs. 1 befristet. Neben den nachvollziehbaren Gründen wie Krankheitsvertretung und Elternzeitvertretung tritt als Begründung häufig auch Projektmittel auf. Überhaupt scheint es eine Menge drittmittelfinanzierte Projekte zu geben, denn immerhin 20 Nichtwissenschaftler wurden danach befristet eingestellt bzw. weiterbeschäftigt.

Die Aussage *„Die feste Anstellung ist die Regel, die befristete Beschäftigung ist die Ausnahme"* ist, bei Betrachtung der Zahlen der bearbeiteten Personalfälle sowohl im Großforschungsbereich als auch im universitären Bereich auf dem Kopf gestellt. Jeder mögliche Befristungsgrund wird dankbar angenommen. Die hohe Zahl an Befristungen nach TzBfG § 14, Abs.2 (um hiernach befristen zu können darf der neueinzustellende Beschäftigte vorher noch nicht beim selben Arbeitgeber beschäftigt gewesen sein) zeigt, dass man hier einen Verfügungspuffer schafft, in welchem 2 Jahre Zeit zur Verfügung stehen, um eine Entscheidung „Einstellen" oder „Verabschieden" hinauszuzögern. Das Verabschieden erfolgt dann auf bequeme Art und Weise, indem der Vertrag einfach ausläuft und nicht weiter verlängert wird ohne lästige Probezeitkündigung.

Auch kann eine nie beabsichtige Daueranstellung über die sachgrundlose Befristung bequem abgewickelt werden. Der Betroffene ist bis zuletzt motiviert, in der Annahme sein Vertrag wird entfristet. Er hat keinerlei Möglichkeiten, erfolgreich Klage vor dem Arbeitsgericht zu erheben wenn er feststellt, dass eine Weiterbeschäftigung nie angedacht war. Die neue Landesregierung hat in ihrer Koalitionsvereinbarung die Nichtanwendung von TzBfG § 14, Abs. 2 angekündigt:

„Die Beschäftigung in sachgrundlos befristeten Arbeitsverhältnissen und die Leiharbeit im öffentlichen Dienst lehnen wir ab – zum Wohl der Beschäftigten und als Vorbild für private Arbeitgeber.“

Wie nötig so ein Vorgehen ist, lässt sich an den hier vorgestellten Zahlen ableiten.

Entfristung mit System: Das EVA-Verfahren am KIT

Um einen möglichst gerechteten Umgang im Zusammenhang mit Entfristungen zu gewährleisten, aber auch um Qualitätsvorgaben zu machen, wurde vom KIT-Präsidium das EVA-Verfahren eingeführt (EVA – Evaluationsverfahren zur unbefristeten Übernahme des KIT-Personals).

Ausgehend der Situation aus den Jahren 2008/ 2009 wurde ein Konzept eingeführt, das die Schaffung eines transparenten, strukturierten und standardisierten Prozesses zur unbefristeten Übernahme am KIT bieten soll. Die Ziele dieses Verfahrens sind laut PMA (Personal Management Abteilung) wie folgt definiert:

- Nachhaltige und qualitativ fundierte Know-How-Sicherung am KIT
- Rechtzeitige, langfristige Perspektive am KIT
- Weiterentwicklung der betreffenden Mitarbeiter/innen
- Aufstellung eines Wertesystems mit einem Kriterienkatalog, wie KIT wissenschaftliche Excellenz versteht.
- Rechtzeitig vor Befristungsende (1 Jahr) soll der/die wissenschaftliche Mitarbeiter/in sich mit der Führungskraft abstimmen, ob eine Karriere innerhalb oder außerhalb des KIT fortgesetzt wird.

Unbefristete Übernahme am Campus Nord und Campus Süd 2008 und 2009

Gruppe	Campus Nord 2008			Campus Nord 2009		
	< E13	> E13	gesamt	< E13	> E13	gesamt
administrativ-technisch	32	3	35	14	1	15
wissenschaftlich-technisch	18	0	25	23	0	17
Wissenschaftler	0	25	18	0	17	23
Summe	50	28	78	37	18	55

Gruppe	Campus Süd 2008	Campus Süd 2009
administrativ-technisch	16	22
Wissenschaftler	11	17
Summe	27	39

Nach dem Selbstverständnis des Präsidiums ist im universitären Bereich für die Übernahme eine Promotion Voraussetzung. Auch geht man davon aus, dass 80% der Beschäftigungsverhältnisse im wissenschaftlichen Bereich auf Zeit angelegt sind. „Nach der maximalen Zeitdauer nach dem WissZeitVG soll sich der Wissenschaftler für eine Tätigkeit außerhalb des Universitätsbereichs empfehlen, da die Fluktuation im Wissenschaftsbereich, insbesondere in der Forschung, erwünscht ist."

Personalpolitische Grundsatzüberlegung für alle Stellenbesetzungen am KIT ist – unter dem Aspekt der demographischen Entwicklung und dem damit verbundenen Fachkräftemangel – die Neueinstellungen künftig weiterhin befristet und unbefristet erfolgen zu lassen.

„Voraussetzung für eine unbefristete Übernahme ist eine gesicherte Finanzierung. Sofern die Finanzierung einer Stelle nicht gesichert ist bzw. keine Planstelle zur Verfügung steht, erfolgt die Genehmigung der entsprechenden Mittel bzw. Planstellen vor Beginn des EVA-Verfahrens über das Präsidium."

Grundsätzlich unterscheidet man in zwei Gruppen (ab E 13 – Durchführung des EVA-Verfahrens, unter E 13 – Durchführung des EVA/2-Verfahrens). Für die erfolgreiche Bewerbung auf eine unbefristete Stelle müssen mindestens 2 bis 3 Kriterien eines Katalogs erfüllt sein.

Kriterien für wissenschaftliche Exzellenz:

- Herausragende bis sehr gute Studienergebnisse
- Überdurchschnittlich gute Promotion (summa/magna cum laude)
- Herausragende wiss. Kompetenz (Veröffentlichungen)
- Mehrjährige wiss. Erfahrung (davon auch im Ausland)
- Erfahrungen bei der Drittmitteleinwerbung (eigenständige Drittmitteleinwerbung)
- Teilnahme an internationalen Konferenzen
- Wirtschaftliche Nutzbarkeit der Forschungsergebnisse (Patente, Lizenzen)
- Lehraufträge

- Teilnahme an Wettbewerben und Ausschreibungen, Erzielung relevanter Preise
- Gutachtertätigkeiten
- Nachweis von Expertenwissen (Großgeräte)

Kriterien für technisch/administrative Beschäftigte:

- Sehr gute Leistungen in Studium oder Ausbildung
- min. 2 Jahre Berufserfahrung
- Sehr gute Bewertung von Arbeitsleistung, Engagement und Dienstleistungsorientierung
- Hervorragende Einarbeitung in den Tätigkeitsbereich
- Nachweis von Expertenwissen

Außerdem sollte der/die Bewerber/in über Personal- und Selbstkompetenz (wie z.B. Eigeninitiative, Dienstleitungsorientierung, Eigenverantwortung) und Sozialkompetenz (Teamfähigkeit) verfügen. Bei Führungskräften kommt noch Führungskompetenz dazu.

Schematisierter Ablauf des Verfahrens:

1. Antragstellung durch Institutsleitung

1.1 Forschungsbericht bei Wissenschaftlern

1.2 Arbeitsbericht bei technisch/administrative Mitarbeiter/innen (bei EVA-Verfahren, > E13, bei EVA/2-Verfahren reicht die Antragsstellung)

2. Durchführung des EVA-Verfahrens

2.1 PMA gibt Stellungnahme zu Umsetzbarkeit und Finanzierung

2.1.1 EVA-Kommision prüft die eingegangenen Unterlagen (Forschungs-Arbeitsbericht), bei strittigen Fällen wird die Institutsleitung angehört. (EVA)

2.2 Letztentscheidung durch PMA (EVA/2)

2.3 PMA teilt das Ergebnis den Betroffenen mit und setzt bei positivem Entscheid die Maßnahme um.

Das EVA-Verfahren soll einen transparenten Umgang mit Entfristungen ermöglichen. Was bleibt ist nach wie vor der Mangel an Planstellen. Man schafft in Kenntnis dieser Situation ein System der Elitenauswahl durch die Ausstellung eines Kriterienkatalogs. Hier werden gerade die Wissenschaftler mit Kindern größere Probleme haben ihre Excellenz nachzuweisen, schon schlichtweg deshalb, weil sie weniger Zeit zur Verfügung hatten und somit an weniger Konferenzen, Tagungen etc. teilgenommen haben. Bei den Nichtwissenschaftlern im Bereich Campus Süd muss noch einmal die Differenz zwischen den vorhandenen, durch das Land ausfinanzierten Stellen, und der Anzahl der tatsächlich Beschäftigten ins Gedächtnis gerufen werden. Das Anlegen des Merkmals „Planstelle vorhanden“ für eine Entfristung kann nicht das alleinige Merkmal sein, hier müssen Alternativen gesucht werden.

Praxis bei der internen Stellenbewerbung am KIT

Wenn wir uns die aktuellen Zahlen zur Einstellung bzw. der Weiterbeschäftigungspraxis noch einmal ins Gedächtnis rufen ist eine Beschäftigung nach TzBfG oder nach WissZeitVG mittlerweile auch für Nichtwissenschaftler am KIT die Regel. Auch ist eine Entfristung aufgrund der eingeschränkten Anzahl von Planstellen oder nicht sichergestellten langfristigen Finanzierung meist nicht möglich.

Zitat aus RICHTLINIE 1999/70/EG DES RATES vom 28. Juni 1999 zu der EGB-UNICE-CEEP-Rahmenvereinbarung über befristete Arbeitsverträge dem auch das Teilzeit- und Befristungsgesetz zugrunde liegt:

„6. Unbefristete Arbeitsverträge sind die übliche Form des Beschäftigungsverhältnisses. Sie tragen zur Lebensqualität der betreffenden Arbeitnehmer und zur Verbesserung ihrer Leistungsfähigkeit bei.“

Bleibt die Suche nach einer Anschlussbeschäftigung wenn der Vertrag ausläuft. Im günstigen Fall erfolgt diese am selben Institut durch Projektbefristung auf ein Folgeprojekt oder durch Vertretungen von Kollegen/innen aufgrund von Elternzeit oder Krankheit. Dass diese Situation für die Betroffenen auf Dauer mehr als unbefriedigend ist, muss nicht extra erwähnt werden. Schlimmer noch kann es kommen, wenn es nach Auslaufen des Vertrags keine Weiterbeschäftigungsmöglichkeit am bisherigen Ort gibt. Es bleibt nur die Suche nach offenen Stellen innerhalb des KIT. Hier sollte die Fürsorgepflicht des Arbeitgebers einsetzen, so wie es auch im TzBfG gefordert wird.

> TzBfG § 18 Information über unbefristete Arbeitsplätze:
>
> „Der Arbeitgeber hat die befristet beschäftigten Arbeitnehmer über entsprechende unbefristete Arbeitsplätze zu informieren, die besetzt werden sollen. Die Information kann durch allgemeine Bekanntgabe an geeigneter, den Arbeitnehmern zugänglicher Stelle im Betrieb und Unternehmen erfolgen.“

Die reine Dokumentation von offenen Stellen, die intern/öffentlich ausgeschrieben werden, an „schwarzen Brettern“ reicht bei weitem nicht aus (vgl. auch TV-L § 30 Abs. 3). Gerade wenn überwiegend befristet beschäftigt wird muss es zentrale Aufgabe der Personalentwicklung sein, Perspektiven für Beschäftigte aufzuzeigen, deren Vertrag ausläuft. Personelle Engpässe in diesem Bereich können nicht als Entschuldigung gelten – Wer die befristete Beschäftigung zur Regel macht muss sich auch um die Folgen kümmern.

> TV-L § 30, Abs.3: „Ein befristeter Arbeitsvertrag ohne sachlichen Grund … Vor Ablauf des Vertrages hat der Arbeitgeber zu prüfen, ob eine unbefristete oder befristete Weiterbeschäftigung möglich ist.“

Durch die am Großforschungsbereich geltenden Auswahlrichtlinien soll sicher gestellt werden, dass interne Bewerber bei gleicher Eignung bevorzugt werden. Im universitären Bereich gibt es so eine Dienstvereinbarung nicht. Gleichwohl wird vorgegeben sich tarifkonform zu verhalten. In der Praxis ist eine vormalige Beschäftigung beim KIT aber ein „Wettbewerbsnachteil“, weil Stellen zumeist nach TzBfG sachgrundlos befristet werden sollen. Gerade bei der Wiederbesetzung von Planstellen wird lieber auf externe Bewerber zurückgegriffen, da bei diesen Bewerbern die Chance besteht, den geschlossenen Vertrag auslaufen zu lassen, während der interne Bewerber einen regulären Vertrag erhalten müsste.

Beispiele aus der Praxis – Fallbeispiel I

Was geschieht mit Personal nach Ende der sachgrundlosen Befristung, das Infrastrukturarbeiten erledigt, wenn es keine Planstelle gibt?

Ein nach Teilzeit- und Befristungsgesetz beschäftigter Mitarbeiter (die Stelle war zunächst für zwei Jahre ausgeschrieben) stellte am Ende der Laufzeit seines Arbeitsvertrages fest, dass seine Stelle erneut wieder ausgeschrieben wurde. Verwundert darüber, dass ihm eröffnet wurde, dass eine weitere Beschäftigung aus gesetzlichen Gründen nicht möglich sei, schaltet er den PR ein. Hier wurde ihm eröffnet, dass es keine gesetzlichen Gründe gibt, die gegen eine Weiterbeschäftigung sprechen. In den 2 Jahren seiner Beschäftigung wurden ihm keine Andeutungen gemacht, dass man mit seiner Arbeitsleistung unzufrieden war, daher bewarb er sich erneut auf die Stelle. Bei einem weiteren Gespräch im Beisein des Personalrats erfährt der Mitarbeiter, er hätte unterdurchschnittliche Leistungen erbracht und wäre nicht teamfähig. Der Vertrag des Mitarbeiters ist ausgelaufen, eine weitere Beschäftigung am KIT ist nicht zustande gekommen. Die Stelle wurde nicht wieder besetzt und wird im Moment von einem externen Dienstleister ausgefüllt.

Im Prinzip ist es nach Gesetzeslage möglich beliebig oft eine Stelle nach TzBfG § 14 Abs. 2 zu befristen. Wenn der momentane Stelleninhaber die maximale gesetzliche Höchstdauer von 2 Jahren erreicht hat, wird sein Vertrag auslaufen und durch einen Stellenbewerber ersetzt. Sollte es zukünftig nicht mehr möglich sein nach TzBfG § 14 Abs. 2 zu befristen, die

Stelle Infrastrukturaufgaben beinhalten, so kann die Lösung dieses Problems nicht in der Schaffung von Scheinbefristungsgründen, dem Outsourcen von Stellen oder ganzen Arbeitsbereichen oder im Abschließen von privaten Werkverträgen liegen.

Beispiele aus der Praxis – Fallbeispiel II

Scheinbefristung nach WissZeitVG durch falschen Befristungsgrund

Einem Beschäftigten (58 Jahre) wurde eröffnet, dass sein Vertrag nicht mehr verlängert werden soll. Vermittlungsgespräche mit dem Personalrat brachten keine Lösung. Der langjährig Beschäftigte sieht keinen anderen Ausweg als Entfristungsklage vor dem Arbeitsgericht einzureichen. Da nach der gültigen Rechtssprechung nur der letzte Arbeitsvertrag zur Beurteilung der Befristungsumstände betrachtet wird, musste der langjährig mit Infrastrukturaufgaben betraute Beschäftigte feststellen, dass sein letzter Arbeitsvertrag nach WissZeitVG § 2 Abs. 2 („Drittmittel") abgeschlossen war. Vor dem Arbeitsgericht galt festzustellen ob der strittige Vertrag des Mitarbeiters dem Wortlaut des Gesetzes genügte (Überwiegende Finanzierung aus Mitteln Dritter, die Finanzierung ist für eine bestimmte Aufgabe und Zeitdauer bewilligt und der Mitarbeiter wird der Zweckbestimmung dieser Mittel gemäß überwiegend eingesetzt).

Es gelang dem Arbeitgeber vor Gericht nicht den Nachweis zu erbringen und einen überwiegenden Projektbezug zu den geleisteten Tätigkeiten herzustellen.

Mit der Möglichkeit Nichtwissenschaftliches Personal nach WissZeitVG zu befristen eröffnet sich eine Grauzone, da nach Gesetz nur ein überwiegender Teil der Tätigkeiten einen direkten Projektbezug haben muss. Wichtig ist die Feststellung, dass der alleinige Bezug auf die Finanzierung noch keinen ausreichenden Befristungsgrund darstellt. Grundsätzlich ist eine Befristung nach WissZeitVG für Nichtwissenschaftliches Personal unnötig. Liegen korrekte Gründe vor, so kann jederzeit nach TzBfg § 14 Abs. 1 mit den Gründen „Projektbefristung" oder „vorübergehender Bedarf" befristet werden.

Beispiele aus der Praxis – Fallbeispiel III

In welcher Größenordnung sind befristete Arbeitsverhältnisse im Verhältnis zu Dauerstellen in einer Abteilung zulässig?

In einer Abteilung wurde durch die KIT-Fusion bedingt eine Anzahl Arbeitnehmer mit dem Sachgrund „Vorübergehender Mehrbedarf" befristet beschäftigt. Es stellte sich aber heraus, dass die Daueraufgaben vom Stammpersonal allein nicht bewältigt werden konnten, sondern zunehmend auch vom befristeten Personal erledigt werden musste. Der Beschäftigungsbedarf besteht weiterhin bei Daueraufgaben, die Fusionsarbeit ist auf mehrere Jahre, wenn nicht sogar auf Dauer ausgelegt. Als der befristete Vertrag einer Person nun nicht mehr verlängert wurde, hat diese Klage auf Entfristung vor dem Arbeitgericht erhoben. Dem Arbeitgeber ist es vor Gericht nicht gelungen, schlüssig zu darzulegen, wie er seine Prognose über den „vorübergehenden Mehrbedarf an Arbeitsleistung" geführt hat. Die Wirksamkeit einer solchen Befristung setzt voraus, dass der Arbeitnehmer zur Deckung des Mehrbedarfs eingestellt wird. Dabei liegt es in der Freiheit des Arbeitgebers die Arbeit umzuorganisieren, so dass Stammpersonal Mehrarbeitsaufgaben und befristetes Personal Daueraufgaben erledigen. Allerdings darf der Arbeitgeber den Bedarf an Mehrarbeit nicht zum Anlass nehmen beliebig viel Personal befristet einzustellen. Es hat den Anschein, dass in dieser Abteilung der hohe Anteil von befristet Beschäftigten in erster Linie einer flexiblen Personalpolitik dient.

Diskussion

Kommentar: Eines der größten Probleme ist, dass nicht-wissenschaftliches Personal über das WissZeitVG beschäftigt wird.

Frage: Ist es richtig, dass die Abschaffung von Planstellen eine der Ursachen für immer mehr Befristungen ist.

Antwort: Das Geld dieser Stellen kann zu Sachmitteln umgewandelt werden. Hier ist tatsächlich eine große Gefahr, wenn Stellenpläne entfallen, es keine Planstellen mehr gibt und das Geld anderweitig ausgegeben wird. Eine Begrenzung für die Umwandlung in Sachmittel wäre hilfreich. Durch entsprechende Vorschriften oder spezifisch gewidmete Finanzzuweisungen für Hochschulen könnte dem gegengesteuert werden. Das Problem ist, dass es gerade die Politik ist, die zum Beispiel bei der Helmholtzgemeinschaft die Stellenpläne auflöste und eine Personalausgabenquote einführte. Diese Quote legt fest, wie hoch maximal die Zahl unbefristet Beschäftigter sein darf. Nach unten gibt es keine Grenzen. In Wissenschaftsmanagementkreisen ist es schick, eine möglichst niedrige Quote zu haben. Ist hier ein Umdenken zu erreichen?

Befristungspraxis an den Hochschulen im nicht-wissenschaftlichen Bereich

Christa Stumpf

Sowohl nach dem deutschen Verfassungsrecht als auch nach dem europäischen Gemeinschaftsrecht soll das unbefristete Arbeitsverhältnis die Regel sein. Die Befristung von Arbeitsverhältnissen steht von daher unter einem starken Rechtfertigungszwang.

Diese Rechtfertigung soll sich für WissenschaftlerInnen und Hilfskräfte für einen bestimmten, zeitlich begrenzten Zeitraum aus dem Gesichtspunkt der Sicherung von Funktions- und Innovationsfähigkeit der Hochschulen und Forschungseinrichtungen sowie insbesondere aus der Förderung des wissenschaftlichen Nachwuchses ergeben. Bei diesen Personengruppen unterstellt der Gesetzgeber, dass ihre Beschäftigung auch der eigenen Aus- Fort- und Weiterbildung dient und dass zudem der regelmäßige Austausch des Personals zur Sicherung der Innovation in Forschung und Lehre der HS notwendig ist. Das Befristungsrecht muss einen angemessenen Ausgleich herstellen zwischen den Interessen der Hochschule, die die Wissenschaftsfreiheit des Art. 5 Abs. 3 GG für sich in Anspruch nehmen kann, und deren wissenschaftlichem Personal, das aus der schutzpflichtrechtlichen Dimension des Art. 12 Abs. 1 GG ein Mindestmaß an arbeitsrechtlichem Bestandsschutz für sich herleiten kann. Dieser Ausgleich soll v.a. durch eine großzügige sachgrundlose Höchstbefristungsdauer sowie durch die Möglichkeiten der Drittmittelbefristung geschaffen werden.

Aber auch die Beschäftigten in Verwaltung, Laboren, Werkstätten und Bibliotheken werden aufgrund der erheblichen Ausweitungen der gesetzlichen Befristungsmöglichkeiten der vergangenen Jahrzehnte nun mittlerweile an vielen Hochschulen, auch am KIT, fast alle nur noch befristet eingestellt. Gerade aber für die Beschäftigten in Verwaltung, Labor und Bibliotheken ist nicht erkennbar, dass die Wissenschaftsfreiheit oder der eigene Qualifikationsbedarf die Befristung rechtfertigt.

Die Hochschulen, die durch eine immer unzureichender werdende Grundfinanzierung unter Druck stehen und im Zuge der am Leitbild der unternehmerischen Hochschule orientierten Umgestaltung immer stärker unter Druck geraten sind, mit befristeten Mitteln verschiedenster Herkunft zu wirtschaften, wenden in allen Bereichen - sowohl im wissenschaftlichen wie im nichtwissenschaftlichen Bereich - das großzügigen Befristungsrecht faktisch so an, dass keine Rede mehr sein kann vom unbefristeten Normalarbeitsverhältnis. Die Universität Karlsruhe hatte hier im Vergleich zu den anderen Universitäten des Landes sogar eine unrühmliche Vorbildrolle eingenommen, sie war nach Kenntnis des HPR die erste Uni, an der die Beschäftigten auch in Verwaltung, Laboren und Bibliotheken zunächst nur noch befristet eingestellt wurden.

Die Hochschulen verlagern damit einseitig jegliches Betriebsrisiko auf ihre Beschäftigten. Den Beschäftigten an den Hochschulen kann man schon lange nicht mehr sagen, ihre soziale Sicherheit sei höher als die der Beschäftigten in der Privatwirtschaft, im Gegenteil. Ihre soziale Sicherheit ist im Übrigen nicht nur aufgrund der Befristungspraxis der Hochschulen wesentlich geringer, sondern auch aufgrund der wesentlich schwächeren Mitbestimmung der Personalräte, gemessen an dem Schutz, den das Betriebsverfassungsgesetz bietet. Ich brauche nicht ausführlicher beschreiben, was jahrelange Arbeitsplatzunsicherheit bedeutet, die eine vernünftige Lebensplanung erheblich erschwert, sei es mit Blick auf Kinder, sei es mit Blick auf langfristige Verpflichtungen zum Aufbau der dringend erforderlichen ergänzenden Altersvorsorge in den unteren und mittleren Entgeltgruppen. Selbstverständlich beeinträchtigt dies auch die Bemühungen um Chancengleichheit von Frauen und Männern. Dass es unter diesen Umständen möglich ist, Hochschulen die Vereinbarkeit von Beruf und Familie zu bezeugen, wie zahlreiche Zertifizierungen dies belegen, spricht nicht für die Zertifizierungsagenturen.

Diese fast vollständige Verlagerung von Arbeitgeberrisiken auf die Beschäftigten, die die Hochschulen aufgrund des speziellen Befristungsrechts vornehmen können, belastet nicht zuletzt auch die Sozialsysteme, die sowohl Phasen von Arbeitslosigkeit zwischen Beschäftigungsverhältnissen auffangen müssen als auch letztlich unzureichende Renten, die aufgrund der für zu viele Hochschulbeschäftigten üblichen Puzzle-Erwerbsbiographien notwendig die Folge sein werden.

Ob die Hochschulen unter diesen Umständen noch lange werden davon profitieren können, dass ihre Beschäftigten - auch die im nichtwissenschaftlichen Bereich - in der Regel eine sehr hohe Motivation und eine starke Identifikation mit ihrem Arbeitsplatz mitbringen, und daher bereit sind, hohe Leistungen auch für einen Arbeitgeber zu erbringen, der keineswegs ein hohes Niveau an guten Arbeitsbedingungen bietet, wird sich zeigen. Ob die Versuche, mit leistungsorientierten Zulagen für einige wenige das Motivationsniveau bei allen zu heben, hier genügend Kompensation bieten, wird sich ebenfalls zeigen. Die durch diese Befristungspraxis bedingte Arbeitsplatzunsicherheit, ergänzt durch das vergleichsweise niedrige Lohnniveau im öffentlichen Dienst, macht den Arbeitsplatz Hochschule sehr lohnenden Feld für die neue Landesregierung, Kriterien guter Arbeit durchzusetzen.

Schon die konservative Landesregierung hat auf eine Landtagsanfrage zur sozialen Verantwortung des Landes als Arbeitgeber (Landtagsdrucksache 14/3207) darauf hingewiesen, dass es verantwortungslos wäre, wenn der Arbeitgeber die Möglichkeit der sachgrundlosen Befristung nutzen würde, um beispielsweise die Personalkosten niedrig zu halten oder die Kündigungsschutzbestimmungen zu umgehen. Verantwortungslos ist es auch, wenn diese Möglichkeit genutzt wird, die tariflich vereinbarten Bedingungen zur Probezeit zu umgehen, was ebenfalls von Personalabteilungen als Grund für die sachgrundlosen Befristungen genannt wird. Die von den Koalitionspartnern im Koalitionsvertrag von der Privatwirtschaft geforderte Tariftreue sollten wir Personalräte auch vom Land und einem künftig verselbständigten KIT einfordern. Grundsätzlich muss wieder zur Regel werden, dass Einstellungen für Daueraufgaben unbefristet erfolgen müssen. Ob und wie es gelingen kann, mit der neuen Landesregierung solche Ziele an den Hochschulen umzusetzen, wird eine spannende Frage sein.

Das KIT könnte den Beschäftigten an dieser Problematik zeigen, dass es nicht nur exzellente Wissenschaft kann, sondern auch exzellenter Arbeitgeber werden will.

Diskussion:

Frage nach dem Handlungsspielraum, wenn die Gesetze (Teilzeit- und Befristungsgesetz, Wissenschaftszeitvertragsgesetz) so restriktiv sind: Die Gesetze geben an mehreren Stellen Handlungsspielräume frei. Es muss nicht befristet beschäftigt werden, es kann! Im KIT gab es kürzlich ein Rundschreiben, das darüber informiert, dass Professoren über 60 Jahre nicht mehr Stellen entfristen dürfen. Das steht in keinem Gesetz, ist sogar, je nach Durchführung, gesetzeswidrig. Hier können Gewerkschaften und Personalräte viel für ihre Einrichtung tun, wenn sie sich solchen Praktiken entgegen stellen.

Frage, warum bei Befristungen zwischen Personal aus Verwaltung und Technik und dem Wissenschaftspersonal ein Unterschied gemacht wird: Das ergibt sich aus dem Gesetz, das bei der Befristung von Wissenschaftlern meist davon ausgeht, dass ein(e) Wissenschaftler(in) sich weiter qualifizieren, also promovieren oder habilitieren will. Daher wird der Zustand als vorübergehend angenommen.

Jongmanns verdeutlicht dies anhand der Gesetzesbegründung des Hochschulrahmengesetzes von 1984. Die Nachhaltigkeit von wissenschaftlichem Wissen, Transfer und Fragen des Wissens und nicht des Personals stehen eindeutig im Vordergrund. Es ist nach ihm nicht zweckmäßig, die Überlegung von Dauerstellen vs. Befristungen als Ausgangsfrage zu stellen. Dies sollte nicht primäres Ziel sein, sondern die Frage danach, wie Wissenschaft am besten funktioniert.

1. Die Leistungsfähigkeit der Forschung in Hochschulen und außeruniversitären Forschungseinrichtungen hängt in hohem Maße von der Möglichkeit ab, stets genügend neues Personal gewinnen zu können. Ohne den laufenden Zustrom junger Wissenschaftler und neuer Ideen würde die Forschung erstarren. Die Bedeutung der Befristung von Arbeitsverträgen unterscheidet sich in diesem Bereich daher grundsätzlich von anderen Bereichen des Arbeitslebens: Zeitverträge sind hier kein Ausnahmefall, sondern ein unentbehrliches Regelinstrument zur Absicherung der Funktions- und Erneuerungsfähigkeit der Forschung.

2. Die Absicherung und Erweiterung der Befristungsmöglichkeiten dient zugleich der Förderung des wissenschaftlichen Nachwuchses und liegt insofern auch im individuellen Interesse der Nachwuchskräfte. Die wissenschaftlichen Hochschulen müssen in der Lage sein, mit Nachwuchskräften Zeitverträge in großem Umfang abzuschließen. Dies darf nicht durch ein hohes rechtliches Risiko gefährdet werden. Sie können

Im übrigen kann nur mit Hilfe befristeter Arbeitsverträge einer großen Zahl junger Menschen die Chance geboten werden, nach dem Examen für einige Zeit in der Forschung arbeiten zu können, um sich so für einen anderen Berufsweg zu qualifizieren.

4. Die Möglichkeit, Zeitverträge in großem Umfang abschließen zu können, dient auch der Erhaltung einer funktionsfähigen Personalstruktur. Ein größerer Bestand an befristeten Arbeitsverträgen ist an den wissenschaftlichen Hochschulen unter anderem notwendig, um aus einem größeren Personenkreis von Zeitangestellten den Hochschullehrernachwuchs auswählen zu können. Der Wissenschaftsrat hat in seiner Stellungnahme zur Neugestaltung der Personalstruktur vom 11. November 1979 empfohlen, für wissenschaftliche Mitarbeiter unbefristete Beschäftigungsverhältnise nur für die auf Dauer zu erbringenden Dienstleistungen zu begründen; im übrigen sollten die Stellen für wissenschaftliche Mitarbeiter nur befristet besetzt werden.

Es wird angemerkt, dass seit der KIT-Fusion von Universität und Forschungszentrum auch im Großforschungsbereich immer mehr auf Befristungen umgeschwenkt wird. Dies ist ein schlechter und erschreckender Trend, der nichts mit dem guten Funktionieren der Wissenschaft zu tun hat.

Auch bei diesem Problem der Befristungen ist wichtig, wie in der Wirtschaft eine Transparenz über Haushaltspläne, Wirtschaftspläne etc. zu haben. Nur dann kann man das Problem verdeutlichen und gegensteuern. Das Sparkassengesetz wäre in dieser Hinsicht eine gute Grundlage für einige Tipps für das kommende KIT-Gesetz.

Es wird die Frage gestellt, ob Hochschulen nicht mal was anderes einfällt als die „Hire-und-Fire“-Taktik? Köhler hat bei Personalmanagern in Betrieben eine Umfrage gemacht, wie dort ausgeschrieben wird. Unter den restriktiven Bedingungen mit Zeitverträgen kriegt ein Unternehmen kein gutes Personal. Bekommt eine Hochschule dies hin? Warum kriegt es eine Hochschule nicht hin, Personal so zu qualifizieren, dass es – gerade auch wenn es unbefristet eingestellt ist - von der Industrie einfach abgekauft wird. Der Markt regelt das. Stellt man dagegen befristetes Personal ein, weiß man von vornherein, dass man sich um eine gute Qualifizierung nicht kümmern muss und den Aufwand dafür gering halten kann.

Es wird bemerkt, dass aufgrund der Wissenschaftsfreiheit Professoren als Träger der Wissenschaftsfreiheit ein Auswahlrecht für ihr Personal haben, das zu den vielen Befristungen führt. Solche strukturellen Gegebenheiten müssen berücksichtigt werden.

Verzeichnis der Autorinnen und Autoren

Bölz, Tobias
Student im KIT, Vorsitzender des UStA

Eppler, Wolfgang
Dr., Vorsitzender des Personalrats im KIT

Friedrichsmeier, Andres
Dr., Universität Münster

Jongmanns, Georg
Dr., Hochschulinformationssystem GmbH

Keller, Andreas
Dr., Vorstandsmitglied der GEW

Köhler, Gerd
ehem. Vorstandsmitglied der GEW

Koch, Reiner
Referatsleiter ver.di Berlin

Krausnick, Daniel
Dr., Privatdozent Universität Erlangen-Nürnberg

Lieb, Wolfgang
Dr., Staatssekretär a.D.

Meier, Detlev
ver.di-Betriebsgruppe im KIT

Neis, Matthias
ver.di Berlin

Reddmann, Thomas
Dr., Senatsdelegierter im KIT

Ruth, Joachim
DGB Baden-Württemberg

Stober, Johannes
Mitglied des Landtags (SPD)

Stumpf, Christa
Vorsitzende des Hauptpersonalrats im Ministerium für Wissenschaft, Forschung und Kunst in Baden-Württemberg